OEUVRES

DE

CHARLES NODIER.

VI.

ROMANS, CONTES ET NOUVELLES.

Imprimerie d'EVERAT, rue du Cadran, n. 16.

ŒUVRES
DE
CHARLES NODIER.

VI

MADEMOISELLE DE MARSAN. — LE NOUVEAU FAUST ET LA NOUVELLE MARGUERITE. — LE SONGE D'OR.

PARIS.
EUGÈNE RENDUEL, LIBRAIRE,
RUE DES GRANDS-AUGUSTINS, N. 22.

—

1832.

MADEMOISELLE DE MARSAN.

LES CARBONARI.

LES CARBONARI.

PREMIER ÉPISODE.

Le vif intérêt que je prenois aux nobles résistances des peuples contre les envahissements de Napoléon, et qui m'avoit conduit à Venise, à la fin de 1808, ne me faisoit point oublier que j'étois François, et que la terrible conflagration à laquelle une partie de l'Europe se préparoit alors coûteroit du sang à mes compatriotes. En admirant la ligue armée qui se formoit dans le silence au nord de l'Italie, je m'étois promis de n'y prendre aucune part active, et je ne pensois le plus souvent qu'à poursuivre mes explorations de voyageur naturaliste sur les longues grèves de l'Illyrie, dans des contrées à peine connues des savants et des poètes. C'étoit, avec le besoin de me dérober enfin aux poursuites obstinées de la police impériale, moins vigilante et moins rigoureuse dans les pays conquis que sous les yeux de son maître, le seul objet de ma récente émigration. Je ne pouvois cependant m'arracher de Venise, et on comprendra aisément pourquoi : j'étois encore une fois amoureux, quoique Amélie n'eût pas cessé d'être présente à ma mémoire depuis le jour qui nous avoit séparés à jamais. Il y a des mystères incompatibles en apparence dans le foible cœur de l'homme.

Parmi les anciens émigrés qui m'avoient

accueilli avec bienveillance, en considération de ma qualité de François, de mes opinions et de mes malheurs, il en étoit un qui m'inspiroit le plus profond sentiment de respect et d'affection, et je puis le nommer sans inconvénient, contre mon habitude, sa famille entièrement étrangère à celle qui porte encore le même nom, étant depuis long-temps éteinte, à l'exception d'une personne qui ne me lira jamais, et qui n'entendra plus parler de moi. C'étoit M. de Marsan.

M. de Marsan, dont quelques vieux courtisans se souviennent peut-être, avoit été un des plus brillants officiers de la maison militaire de Louis XVI. Sa belle figure, ses belles manières, son esprit, son courage, l'avoient fait remarquer dans un temps et dans une cour où ces heureuses recommandations personnelles n'étoient pas fort rares. Il leur dut un avancement rapide qui n'excita aucune réclamation, et un établissement considérable que tout le monde approuva. Sa fille, née en 1788, fut tenue sur les fonts de baptême, au nom de la reine de France, par celle des amies de cette auguste et infortunée souveraine qui jouissoit du crédit le mieux affermi à Versailles. La fille de M. de Marsan s'appeloit Diane.

M. de Marsan, cassé d'ailleurs par les fatigues de la guerre, étoit vieux en 1808 ; il s'étoit marié à trente-cinq ans, et avoit perdu trois enfants avant que le ciel lui accordât la fille unique dans laquelle s'étoient enfin concentrées toutes ses affections. Madame de Marsan, attachée au service de Mesdames, sœurs du roi, avoit peu survécu à leur établissement à Trieste. Elle les précéda au tombeau.

Le vieil émigré retiroit au moins quelque profit de ses longues infortunes : il étoit devenu philosophe. Assez riche à son gré, d'une aisance modeste, sagement préservée par des précautions prises à propos de la catastrophe universelle, il passoit paisiblement le reste de sa vie entre d'agréables études et des distractions sédentaires. Le goût de l'histoire naturelle nous avoit subitement rapprochés, et j'étois fidèle à son piquet de chaque soir. Aussi sa prédilection pour moi, entre tous les jeunes gens dont il aimoit l'entretien, avoit pris en peu de temps quelque chose de paternel dont Diana auroit eu le droit d'être jalouse. Je ne me suis jamais aperçu qu'il attachât beaucoup d'importance à cette vanité, réellement assez puérile, qu'on appelle le préjugé de la noblesse, et cependant je suis bien convaincu qu'il regrettoit quelquefois que je ne fusse pas noble, au point de faire sur lui-même un certain effort pour l'oublier.

— A vous, monsieur le chevalier, me disoit-il un jour en me donnant des cartes.

Et je ne sais dans quelle crypte de mes souvenirs, close depuis vingt ans, je vais retrouver cette historiette frivole.

— Je ne suis pas chevalier, m'écriai-je en riant, avant de les avoir déployées.

— Sur ma foi de chrétien, reprit M. de Marsan, les gentilshommes de ma maison en ont armé plus d'un qui étoit moins digne de cet honneur.

— Je suppose, répondis-je en me levant pour aller à lui, que ce n'étoit pas sans leur donner l'accolade ! —

Et je l'embrassai de grand cœur, car j'ai

toujours attaché un prix extrême à l'affection des vieillards.

Il falloit pourtant lui passer un entêtement violent et passionné sur une question qui revenoit souvent dans les conversations de ce temps-là. Le nom seul de révolution lui causoit une révolution véritable, et quoiqu'il regardât le prochain rétablissement des Bourbons sur le trône de leurs pères comme un événement infaillible, il s'étoit promis de ne jamais retourner à Paris, dont toutes les pierres lui sembloient baignées encore dans le sang des proscriptions. Cette antipathie contre tous les mouvements politiques du même genre n'épargnoit pas les conspirateurs de son propre parti, et dans sa résignation aux décrets équitables et assurés de la Providence, il blâmoit amèrement les insensés qui cherchent à en précipiter l'accomplissement, sans égard aux sages temporisations de la prudence de Dieu. L'idée dont je parle se manifestoit si vite et si fréquemment dans ses discours, qu'elle m'avoit détourné de bonne heure de lui communiquer tous les secrets de ma turbulente jeunesse, et bien plus encore les rapports que j'avois noués, à mon arrivée à Venise, avec les *Carbonari* et les émissaires de la *Tungend-Bund,* dont le nom ne lui inspiroit pas moins d'horreur que celui des jacobins. Il faut convenir, au reste, que je commençois à me sentir quelque tendance pour son opinion, avant même de la connoître, et que je n'étois plus guère retenu dans le périlleux réseau des sociétés secrètes que par l'impossibité de le rompre sans violence. J'avois vingt-six ans, éprouvés par des adversités presque sans exemple à mon âge, et le goût des occupations douces et des loisirs studieux me rappeloit incessamment à un autre genre de vie que je n'aurois jamais dû quitter; mais il arrivoit de temps en temps aussi que mes passions orageuses reprenoient le dessus, et me replongeoient dans un nouveau chaos d'agitations et de misères dont mon cœur ne pouvoit se délivrer qu'en s'attachant fermement à l'espérance de quelque bonheur durable.

C'étoit ce bonheur que mon imagination insensée s'obstinoit à chercher dans l'amour.

Diana de Marsan avoit vingt ans, et ne paroissoit pas moins, car son teint vif et brillant d'ailleurs, mais un peu hâlé, comme l'est en général celui des Vénitiennes, manquoit de cette fraîcheur qui est à la peau d'une femme ce qu'est aux fruits recueillis sur l'arbre le duvet fugitif qui les colore. Sa taille, grande et assez robuste, donnoit à son aspect quelque chose d'imposant que relevoit encore l'expression ordinaire de sa physionomie. On ne savoit ce qui l'emportoit dans son regard triste et fier, dans le frémissement inquiet et hautain de ses sourcils, dans le mouvement méprisant et amer de sa bouche, de l'habitude d'un chagrin caché ou d'un désabusement dédaigneux. C'est ainsi que la statuaire antique a représenté cette Diane vraiment divine, que le ciseau du sculpteur a fait la digne sœur d'Apollon, comme la mythologie; et cette impression ne m'étoit pas toute personnelle auprès de Diana; car le plus accrédité des poètes de l'époque lui reprochoit, à la fin d'un de ses sonnets, d'être formée d'un marbre aussi froid que celui de Velletri. Diana étoit d'ailleurs, de l'aveu de tout le monde, la plus belle des jeunes filles de Venise.

Le cœur de l'homme, et surtout celui des

amants, s'irrite par les difficultés. J'aimai Diana avec d'autant plus d'ardeur peut-être que tout me disoit en elle qu'elle ne vouloit pas m'aimer. Quant aux suites de ce sentiment, elles n'avoient rien qui fût capable de m'effrayer. La fortune de Diana étoit trop médiocre pour tenter des prétendants redoutables, et la condition d'un vieux gentilhomme françois exilé au bord des lagunes ne promettoit pas plus de chances à l'ambition d'un gendre qu'à sa cupidité. Ma position à venir devoit au contraire s'agrandir, selon toute apparence, par le triomphe de mon parti, dont M. de Marsan ne doutoit pas. J'avois tant hasardé, j'avois tant souffert, et les rois heureux sont si reconnoissants !

Diana ne se méprit pas sur la passion qu'elle m'inspiroit : les femmes ne s'y méprennent jamais. Je ne m'aperçus cependant de sa découverte qu'au rembrunissement sinistre de son regard et à la mesure de plus en plus sévère qu'elle gardoit envers moi dans ses paroles. Je me serois expliqué cette rigueur toujours croissante de procédés par la différence de nos conditions, car je savois déjà ce que c'est que l'orgueil de la noblesse, et comment il peut affecter les formes de la haine, si Diana eût été informée de cette circonstance; mais j'ai déjà dit que M. de Marsan tenoit avec opiniâtreté à m'anoblir, et depuis le jour mémorable où j'avois reçu de lui l'ordre de chevalerie, d'un côté à l'autre d'une table de jeu, le titre de chevalier s'étoit tellement identifié avec le nom honorable, mais obscur, que j'ai reçu de mes ancêtres, que les Chérin et les d'Hozier n'auroient osé me le contester. Il suffit de connoître le génie hyperbolique des Vénitiens, surtout dans la classe du peuple, pour être sûr d'avance que la politesse des domestiques ne s'étoit pas arrêtée à si peu de chose. J'étois comte au moins à l'antichambre, et comte illustrissime, si je n'étois que tout juste aussi bon gentilhomme qu'il le falloit au salon. J'avois fini par n'y prendre plus garde, et je subissois sans façon une métamorphose qui humilioit un peu ma franchise et ma modestie, pour ne pas blesser la vanité capricieuse, mais innocente, d'un grand seigneur dans lequel j'avois trouvé un ami.

Je m'étois bien promis de commencer avec

Diana par cette explication, quand elle m'auroit donné le moindre signe de condescendance à mes sentiments; mais elle m'en épargna l'embarras. Sa froideur passa rapidement jusqu'à la rudesse, son indifférence jusqu'au dédain. Au bout de quelques jours il n'y eut plus moyen de s'y tromper, et un homme plus convaincu que je ne le fus jamais de son ascendant sur le cœur des femmes n'auroit pas hésité à renoncer comme moi à des prétentions sans espérance. Quelques jeunes gens de Venise, mieux fondés dans leurs démarches, m'avoient déjà montré d'ailleurs l'exemple de ce sacrifice.

Je ne boudai pas. Il ne m'auroit manqué que cela pour être complétement ridicule. Je ne pleurai pas non plus. On ne pleure que lorsqu'il faut perdre l'espoir d'être uni à la femme dont on est aimé. Je m'indignai, je me révoltai contre moi-même, je me rongeai les poings de colère; je prétextai des indispositions, des occupations, des voyages, pour expliquer la rareté de mes visites; je jouai gros jeu, je me battis en duel, et puis je me rejetai avec frénésie dans les complots téméraires dont j'avois cru un mois plus tôt me séparer à jamais. Je me réjouis de l'idée de mourir d'une manière tragique et glorieuse, pour qu'elle eût honte de m'avoir méprisé. Je me berçai dans cette fantaisie furieuse de conspirations, de proscriptions et de supplices, comme dans un rêve d'amour et de volupté. En un mot je redevins fou.

Nos assemblées se tenoient aux environs du Rialto, dans l'appartement le plus délabré d'un vieux palais qui étoit lui-même abandonné depuis long-temps, et dont je ne désignerai pas le propriétaire, que sa haute position actuelle dans une cour d'Allemagne a probablement désabusé de nos folles théories populaires. Il n'y paroissoit point, mais il en avoit laissé la disposition à un de nos chefs, en se retirant dans la campagne de Venise, et peut-être un peu plus loin du danger. Il est presque inutile de dire de quelle espèce d'hommes se composoient ces réunions clandestines. On peut le deviner sans avoir une grande habitude des trames politiques, et même sans s'être livré à une étude approfondie de l'histoire. Cinq ou six jeunes gens sensibles et généreux, mais aigris par les malheurs de l'humanité et par les excès des tyrans, y tenoient tout au plus une place imperceptible, et, peu à peu détrompés comme moi, ils l'occupoient de jour en jour plus rarement; le reste, c'étoit ce qu'est partout la foule des ennemis de l'ordre établi, quel qu'il soit; une cohue d'ambitieux sans talents dont les prétentions s'accroissent et s'irritent en raison de leur nullité; des hommes perdus de dettes, de mœurs et de réputation, vils rebuts du pharaon et de la débauche; et quelques misérables cent fois plus vils encore qui n'attendent que l'occasion de vendre au premier pouvoir venu la liste de leurs complices ou de leurs victimes au prix d'un or infâme et d'une ignominieuse impunité. Ce jugement est celui que je commençois à en porter dès lors, mais il étoit moins général, et surtout moins arrêté dans mon esprit. Il faut avoir revu cela partout pendant le cours d'une trop longue vie pour être arrivé à y croire.

On conviendra que mon ambition de mort n'étoit pas tout-à-fait aussi vainement présomptueuse dans une pareille assemblée que mes projets d'amour auprès de Diana. J'avois des chances, et peu d'hommes en vérité auroient consenti à les courir à ma place; car le succès, presque étranger aux destinées de mon pays et à la mienne, ne devoit pas même me procurer la foible satisfaction que nous donne un coup de partie dans la main d'un inconnu au jeu duquel nous nous sommes intéressés par hasard. Dans le cas contraire, c'étoit différent; le bourreau emportoit mon enjeu. Cette prodigalité insensée de la vie est l'effet d'une passion sans nom, qui ne peut se faire comprendre que de ceux qui l'ont éprouvée, et il n'y a pas de mal.

Les associations de l'espèce de la nôtre marchoient à découvert dans tous les pays où Napoléon n'avoit pas daigné laisser en passant son administration et ses soldats. Elles y agissoient avec liberté, non publiquement avouées par les cabinets, qui n'avoient pas ce courage, mais flattées, enhardies et protégées sous main, avec plus d'astuce que d'habileté, moyennant une certaine réserve mentale dont il seroit à souhaiter que le secret fût connu de tous les hommes sincères et dévoués qui engagent leur vie à la défense des couronnes, c'est-à-dire sauf l'intention lâchement préméditée de les sacrifier au besoin à une combinaison de paix. Cette organisation cependant auroit été incomplète si elle n'avoit pas pénétré jusqu'au cœur des états déjà soumis au grand empereur par les victoires et les traités, et il n'étoit pas une ville où l'on ne trouvât les éléments nécessaires à son développement. Tel étoit le but de ces audacieuses propagandes de la liberté européenne qui soulevoient çà et là des barrières d'hommes contre l'oppresseur du monde; postes aventureux d'éclaireurs jetés au-devant de la sainte coalition des peuples dans le camp de l'ennemi, et qui auroient été si puissants s'ils avoient été plus purs. J'abuse jusqu'à un certain point des priviléges du conteur en introduisant cette page d'histoire dans un petit écrit dont la forme n'annonce qu'un roman, mais elle ne sera comptée que pour une page de roman par quiconque n'a pas vu l'histoire de près; et de tous les jugements qu'on en peut porter, c'est celui qui m'inquiète le moins.

Le but primitif du *carbonarisme* de ce

temps-là, qui n'avoit rien de commun avec celui dont nous voyons aujourd'hui se manifester l'œuvre informe, comme ces monstres gigantesques et hideux qui jaillirent du chaos dans les premières journées de la création, étoit donc certainement le plus noble qu'une conspiration pût se proposer. Il n'avoit pour objet que la pieuse fédération des patriotes de tous les pays contre les progrès d'un insatiable despotisme qui aspiroit sans déguisement à la monarchie universelle, et cadastroit l'Europe en préfectures pour la donner à ses capitaines. Cette pensée magnanime avoit remué profondément les esprits partout où l'indépendance et le bonheur de la terre natale étoient encore tenus pour quelque chose, mais plus particulièrement l'Italie et l'Allemagne. Je ne parle pas de la vertueuse et chrétienne Pologne, que l'ascendant d'une déplorable fortune avoit donnée pour auxiliaire au conquérant, et qu'une irrésistible fatalité de position réduisoit au choix d'un tyran.

Le mouvement imprimé à la pensée des peuples par ces graves questions en avoit soulevé d'autres. A force de s'occuper des garanties de l'équilibre universel, on exhumoit tous les jours quelques débris des libertés anciennes que les usurpations progressives du pouvoir détruisent lentement, et qui sont une propriété imprescriptible pour les nations. L'occasion étoit belle pour les réclamer; et c'est alors qu'arriva ce qui n'étoit jamais arrivé au monde, et ce qui n'arrivera peut-être plus : une stipulation amiable, solennellement promise entre les populations et les rois, jurée dans les palais, gardée dans les chaumières, et dont les termes synallagmatiques étoient d'une part : *Résistance unanime aux armées de Napoléon;* et de l'autre, *Franche et entière reconnoissance des droits politiques anciennement écrits, dans tous les états de l'alliance.* Il est possible que ce contrat ne se retrouve pas dans les documents officiels de la diplomatie; et je ne vois pas que l'histoire en ait beaucoup parlé jusqu'ici. Mais l'histoire ne sait rien en France et ne dit ailleurs que ce qu'on lui fait dire, quand on lui permet de parler. Cette combinaison accidentelle d'intérêts si cruellement trahis par l'événement fut du reste beaucoup trop passagère pour être saisie dans tous ses détails par les observateurs les plus soudains et les plus avantageusement placés.

On comprend qu'elle avoit donné une grande importance à la position des sociétés secrètes, devenues pour la première fois dans le vieux système européen une autorité légitime, et qui n'aspiroient pas encore à remplacer toutes les autorités légitimes pour essayer de la tyrannie à leur tour.

Elles n'en profitèrent pas alors. La diffusion des égoïsmes, des ambitions et des vanités se fait sentir trop vite pour cela dans ces tristes conciliabules, empreints de tous les vices de la société-mère dont ils se séparent. Deux mois ne s'étoient pas écoulés que l'unité première étoit brisée en quatre ou cinq fractions dans la *vendita* suprême et dans toutes celles qui en dépendoient. L'une avoit pris les termes du traité dans une acception si large, qu'elle n'entendoit faire servir la victoire qu'à l'émancipation absolue du peuple, et au rétablissement de cette funeste démocratie dont Venise conservoit un sanglant souvenir. L'autre, qui ne pouvoit manquer de réunir la majorité, en recrutant au moment décisif, par l'ascendant de l'intérêt, les hommes indécis et les hommes corrompus, avoit fait bon marché à l'Autriche, par un pacte secret, de ces libertés du pays si vainement réservées. Quelques-uns passoient pour entretenir des intelligences mystérieuses avec le gouvernement de Napoléon, et se ménager ainsi une transaction dorée en cas de défaite. Le parti le moins nombreux, mais certainement le plus énergique et le plus pur, n'avoit engagé sa coopération intrépide et sincère que sous la condition expresse de l'indépendance des états vénitiens et de la restauration de leur ancienne république. Il s'appuyoit au dehors sur l'imposante coalition des montagnards, et il avoit pour chef un de ces hommes résolus, à longues vues et à puissante exécution, dont le nom seul vaut tout un parti.

Ce chef s'appeloit Mario Cinci, surnommé *le Doge*, et c'est à ce parti que des sympathies particulières m'avoient rattaché.

Mario Cinci descendoit de cette malheureuse famille romaine dont le crime exécrable n'a cependant pas tari pour elle toutes les sources de la pitié, et qui a fourni l'exemple unique d'un supplice de parricides, arrosé des larmes de la religion, de la justice et du peuple. Le frère cadet de Béatrice, banni à perpétuité des états de l'Église, s'étoit réfugié dans un vieux château des bords du Tagliamente, où la tradition rapporte qu'il mourut frappé de la foudre dans un âge assez avancé. Une fatalité vengeresse s'étoit appesantie depuis de génération en génération sur chacun de ses descendants, dont l'histoire chronologique compose une tragédie à plusieurs actes, comme celle des Pélopides. Le dernier étoit mort sur l'échafaud de la révolution italienne, et de ce sang proscrit par les lois et par le ciel il ne restoit sur toute la terre que Mario Cinci.

La jeunesse de Mario, commencée sous de si funèbres auspices et privée de tout appui dans la société des hommes, avoit été violente et redoutée; il sembloit même qu'aucun sentiment doux n'en eût tempéré les emportements, car la seule pensée d'être aimées de lui étoit un sujet de terreur pour les Vénitiennes, qui n'en parloient qu'avec un mouvement de frisson. Il ne paroissoit jamais dans les lieux publics, mais lorsqu'il parcouroit une des rues étroites de la ville, ou seul, ou tout au plus accompagné de quelques amis presque aussi mystérieux que lui-même, les hommes les plus aguerris se retiroient de son passage, comme pour se dérober à l'influence de ses regards. Cependant, et ceci étoit propre à ce caractère étrange, ou à je ne sais quelle sombre impression d'effroi qu'il produisoit sans le savoir, on le craignoit sans le haïr, ainsi qu'on craint les lions; et il n'y a pas loin de ce sentiment à ces admirations exaltées qui deviennent quelquefois un culte. Personne ne pouvoit lui reprocher un acte injuste ou une cruauté réfléchie, et on en racontoit au contraire une multitude d'actions généreuses, mais exécutées sans tendresse et sans sympathie. Souvent il avoit sauvé des enfants de la mort en les retirant des flots, et jamais il ne les avoit embrassés.

Depuis l'âge de vingt ans, et il en avoit alors vingt-huit, sa fortune, épuisée en prodigalités aveugles et en dissipations bizarres et solitaires, l'avoit réduit à se retirer dans son triste château de la terre-ferme, avec un seul domestique albanois qui n'avoit pas voulu le quitter. Dès lors il ne rentroit de temps en temps à Venise que depuis qu'on voyoit reprendre un nouvel aspect, au moins en espérance, aux affaires de l'Italie. On remarquoit qu'il y avoit passé jusqu'à deux mois de suite, mais on ne connoissoit pas sa demeure.

Quoique Mario Cinci fût le chef réel de la *vendita*, où son empire s'accroissoit même de son absence, je ne l'avois jamais vu ni à la *vendita*, ni ailleurs, mais je connoissois ces détails par la voix du peuple, qui est plus communicatif à Venise qu'en aucun autre pays.

En effet, Mario Cinci n'avoit pas débarqué aux environs de la *Piazetta*, que le peuple en étoit instruit de tous côtés, le peuple amoureux de l'extraordinaire et qui se prévient volontiers en faveur des caractères qui le dominent et qui l'épouvantent : et il s'élevoit alors dans les groupes du port et de la place Saint-Marc des conversations presque aussi étranges que l'homme qui en étoit l'objet.

— Que vient faire ici, disoit l'un, ce démon de malheur qui porte les calamités après lui partout où il se présente, et qui n'aborde à Venise que sous le vent de la tempête? Annonce-t-il quelque peste qui a éclaté en Orient, ou une nouvelle guerre sur la mer? Je croyois qu'il avoit été foudroyé dans sa tourelle au dernier orage, comme le bruit en a couru, car jamais un Cinci n'a échappé depuis trois cents ans aux fléaux du ciel, au poignard ou à l'échafaud !

— En vérité, reprenoit un autre, je n'en serois pas fâché, quoiqu'il m'ait fait plus de bien que de mal quand il en avoit le moyen, mais parce que je n'en aurois plus le souci et qu'il faut bien que cela lui arrive tôt ou tard, puisque c'est sa malheureuse destinée. Dieu lui fasse miséricorde en l'autre monde !

— Eh quoi ! s'écrioit un troisième qui paroissoit plus instruit et autour duquel le groupe se resserroit pour mieux entendre, ne savez-vous pas encore ce qui l'amène ! Tout enfant, le noble Mario ne pensoit qu'à ressusciter notre vieille république avec son indépendance et son commerce, et ses vaisseaux rois des mers et du monde, et sa foi abandonnée par les mécréants, et la bienheureuse assistance de saint Marc! Et comme il a plus de courage et de génie dans son petit doigt que tout le peuple d'Italie, c'est lui qui nous délivrera des Allemands et des François, et qui sera notre doge. Vous savez que je ne l'aime point, et je n'ai jamais entendu dire que Mario fût aimé de personne ; mais j'atteste Dieu que Mario Cinci sera doge de Venise et rétablira sa prospérité !

Ces propos se répétoient tous les jours ; et la populace, qui se tenoit avec soin éloignée de Mario, de crainte d'exciter sa colère, crioit à son retour : *Vive Mario Cinci! vive le doge de Venise!*

Voilà pourquoi on l'avait surnommé *le Doge,* sans que le gouvernement en prît beaucoup d'inquiétude, car Mario ne passoit que pour un misanthrope atrabilaire qui méprisoit trop l'opinion pour consentir à lui devoir la moindre importance, et il est possible que ce jugement se trouvât vrai.

Le jour de ma rentrée à la *vendita,* l'assemblée étoit peu nombreuse, quoique la convocation, qui s'exécutoit par un moyen fort ingénieux et tout-à-fait impénétrable aux investigations de la police, eût été exprimée dans cette circonstance sous ses formules les plus rigoureuses. Je m'étonnai que tant de monde y eût manqué, et que tout le parti de Mario y fût cependant réuni, en présence de ses adversaires les plus implacables; mais je ne tardai pas à comprendre qu'on avoit écarté à dessein les indifférents, parce qu'il s'agissoit sans doute d'une lutte décisive dont nous pressentions depuis long-temps la nécessité. Il n'étoit en effet question dans nos débats ordinaires que des griefs imputés à Mario par les hommes de l'association que nous avions le plus de motifs de mépriser, et que j'ai assez caractérisés tout à l'heure. Alors rien n'étoit oublié de ce qui pouvoit nous le faire regarder comme un ambitieux animé par des intérêts personnels, qui n'aspiroit à une nouvelle forme de gouvernement que pour rétablir l'éclat de sa maison et venger la mort de son père, et qui couvroit d'un égal dédain ses instruments et ses ennemis. Nous ne répondions d'habitude à ces déclamations odieuses que par le cri du peuple : *Vive Mario*

Cinci, et nos discussions n'alloient pas plus loin. Ce qui ne s'expliquoit pas pour moi dans cette dernière occasion, c'étoit la confiance que le parti contraire pouvoit fonder dans ses forces contre ce groupe déterminé de jeunes enthousiastes dont l'héroïsme fanatique m'avoit seul soutenu dans la foi de nos entreprises. Il est probable que la même idée nous frappa tous à la fois, car, au même instant, tous nos poignards sortirent d'un tiers hors du fourreau, mais nous les laissâmes retomber en criant: *Vive Mario Cinci !* parce que nous étions en nombre presque égal avec ses accusateurs, que notre jeunesse, notre force et notre courage nous donnoient sur eux des avantages certains, et que notre opposition prononcée avec cette énergie menaçante suffisoit pour rendre la délibération impossible.

— C'est Mario Cinci que vous voulez! répondit avec fureur le chef de l'accusation. Eh bien ! vous aurez sa tête !

— Viens la prendre, dit une voix qui s'éleva au même instant à la porte d'entrée, pendant que l'homme qui prononçoit ces paroles se hâtoit de la refermer soigneusement, et d'en retirer la clef pour la glisser dans les plis de sa ceinture.

Vive Mario Cinci! répétèrent mes camarades, et nous nous pressâmes à ses côtés pour lui former un rempart si on osoit l'attaquer. Je le vis alors pour la première fois, mais je ne pourrois le peindre que bien imparfaitement pour ceux qui ne le connoissent pas, et surtout pour ceux qui l'ont connu. L'écrivain qui l'a représenté sous les traits d'un ange de lumière incarné avec toute sa beauté dans le corps d'un Titan, a fait une phrase ambitieuse et rien de plus. Il y avoit en lui un autre type que je ne saurois exprimer, celui d'un dompteur de monstres des temps fabuleux, ou d'un géant paladin du moyen âge. Un moment je le crus coiffé comme Hercule de la crinière d'un lion noir; c'étoient ses cheveux.

Il parcourut lentement la salle en se balançant sur ses hanches avec une nonchalance sauvage, s'accouda sur la table des dignitaires en poussant un rire farouche, et répéta : — Viens la prendre ! — La voûte en retentit.

Il se retourna ensuite de notre côté, secoua la tête et croisa les bras.

— C'est que les victimaires ont tout amené, dit-il. Où sont préparées les guirlandes? Cela feroit certainement un sacrifice agréable à l'enfer, si les pourvoyeurs des démons en étoient où ils pensent! Donne-moi la main, cher Paolo. Bonjour, Annibal, mon Patrocle et mon Cassius! Tout à toi, Felice! à toi, Lucio, dignes et intrépides enfants! Courage mon petit Pétrovich! ta moustache martiale s'épaissit; la poudre la noircira. Qui est celui-ci, continua-t-il en s'arrêtant d'un pas au-devant de moi? Je dois le reconnoître à sa grande taille, presque aussi élevée que la mienne, ainsi qu'on me l'avoit dit. C'est le voyageur françois que notre ami Chasteler nous a si vivement recommandé. — Quel dessein vous proposez-vous, jeune homme, dans les événements qui se préparent?

— De vous servir contre toutes les tyrannies et de mourir avec vous si vous êtes surpris avant l'accomplissement de votre vertueuse entreprise; mais je dois déclarer que je briserai mon épée sur le champ de bataille le jour où les François y seront.

— Bien, bien, reprit Mario en me regardant fixement. Le lien qui nous unit n'auroit pas été de longue durée si vous m'aviez répondu d'une autre manière. Nous aviserons à vous rendre utile au salut des nations, sans vous commettre avec les gens de votre pays, qui ont d'ailleurs, en résultat, le même intérêt que nous à l'affranchissement général, puisque nous ne voulons pour tous que l'indépendance de tous, et pour nous que les vieilles libertés de Venise. Mais il faudroit quitter Venise, dont les dalles brûlantes couvrent un volcan sous vos pieds, et les François de votre âge ne passent pas quelques jours dans les murs d'une ville voluptueuse sans s'y livrer à quelques folles amours; car cette distraction de jeunes filles est votre plus grande affaire, après la gloire et les conquêtes.

— Vous me jugez mal, seigneur Mario. Je n'aspire qu'à m'éloigner de Venise pour toujours, et j'en partirois demain si je le pouvois sans lâcheté, au milieu des dangers qui vous menacent.

— Est-il vrai?... répondit-il avec un mouvement de joie. Nous en reparlerons tout à l'heure, mais il faut d'abord que je vous rassure, en imposant silence au bourdonnement de ces guêpes qui m'importunent sans m'effrayer, insectes chétifs dont le venin ne fait pas de mal quand on les écrase sur la blessure.

La tempête, que l'arrivée de Mario avoit un moment interrompue, venoit en effet de reprendre son cours, et il paroissoit jusque-là le seul qui ne s'en fût pas aperçu.

— Assez, cria-t-il, et qu'on se taise. Je me suis rendu à votre appel, parce que cela me convenoit ainsi ; mais ce n'est pas aujourd'hui qu'on me juge. Il me reste auparavant quelques récusations à exercer, et c'est un droit dont je ne ferai usage qu'à la face des Vénitiens, au milieu de la place Saint-Marc.

— Le jour, répliqua le plus acharné de ses ennemis, où tu monteras sur le Bucentaure, et où tu jetteras ton anneau à la mer?

— Pourquoi pas, dit Mario, si j'étois le plus digne, et si c'est le vœu de Venise? Mais tu t'abuses sur mon ambition, Tadeo, comme sur mon imprévoyance! Je crains trop les rigueurs de ma justice pour l'exposer à l'épreuve du pouvoir dans une république habitée par des hommes tels que toi. Quant à épouser la mer, c'est une destinée trop illustre pour un Cinci. Le prophète de Ravenne a prédit que le dernier de tous mourroit au passage d'un torrent.

La rumeur s'étoit accrue aux extrémités de la salle, et nous nous mettions en défense contre une de ces attaques inopinées qui terminent à Venise toutes les altercations violentes, quand Mario éleva la voix encore une fois.

— Paix! de par Saint-Marc et son lion, si vous ne voulez nous forcer à vous imposer un silence qui ne sera plus troublé que par la trompette du jugement dernier! Je n'ai pas fini de parler! — En ma qualité de grand-maître de toutes les *vendite* d'Italie, je dissous la *vendita* de Venise, je romps l'alliance de ses membres comme je romps la bûchette de coudrier taillée de biseau qui nous servoit de ralliement [1], et je vous interdis la com-

[1] Il est aisé de comprendre pourquoi je ne me suis servi d'aucun des mots consacrés du *carbonarisme*. Le petit instrument dont Ma-

munauté du toit et du pain, de l'eau et du sel de mes frères, comme à des apostats et à des parjures. — Que murmurez-vous de mes droits? J'use de ceux que nos réglements m'ont conférés pour l'occasion maudite où la majorité d'une *vendita* se trouveroit saisie en flagrant délit de trahison, et la preuve de vos trahisons est entre mes mains. La contesterez-vous?

Au même instant Mario déploya devant eux un papier chargé du sceau de la *vendita*, et il poursuivit :

— Regarde, Tadeo, regarde à ce cadran, où l'aiguille va marquer la vingt-quatrième heure. C'est quand elle sonnera que nous devons être livrés ici aux soldats que tu as mandés, et qui t'apportent, en échange de notre sang, les vils deniers auxquels tu as taxé ta lâche perfidie. Ce sont les conventions

---

rio parle ici est cependant si connu que je l'aurois désigné par son nom, qui n'est pas un mystère, si ce nom ne m'avoit pas échappé, par une rencontre assez singulière, en italien, en allemand et en français. Je ne sais si l'emblème dont ce signe est l'expression est connu dans le *carbonarisme* moderne ; mai le signe lui-même ne s'y est peut-être pas conservé.

écrites de ton marché de Judas!... Ce marché, le voici en original. Le pacha du grand empereur n'en a que la copie, et les noms que tu signalois à nos tyrans y sont remplacés par ceux de ces deux lâches que je vois à tes côtés, et qui ont eu la bassesse d'y souscrire. J'ai eu pitié du reste de tes fauteurs ordinaires, qui s'éloignent déjà de toi en rougissant, et dont la complicité aveugle ne mérite pas d'autre sentiment. — Ne t'alarme pas, Tadeo! Tu n'as pas perdu les infâmes honneurs de cette négociation ; elle porte ta signature, et ton accusation pourra conserver un certain crédit si tu parviens à m'arracher avec la vie une pièce tout aussi importante, l'acte par lequel tu t'es engagé, il y a trois mois, à faire massacrer les François dans Venise, au moment où la guerre éclatera. Cet autre marché d'assassin, le voici en original comme le dernier. Tu t'es étonné, n'est-il pas vrai, qu'une proposition si avantageuse restât sans réponse, mais c'est que tu ne savois pas qu'elle eût passé d'abord dans mes mains, et que je l'avois dérobée à tous les yeux, par respect pour ce titre de Vénitien, dont je m'enorgueillirois davantage si je n'avois le malheur de le partager avec toi. Il ne te reste donc pour témoin que ton honnête émissaire, le secrétaire fidèle de tes commandements, un homme de bien qui s'étoit fait courtier de délations et entremetteur de calomnies pour se dédommager de n'être plus bourreau, un des iniques bandits qui se travestirent en juges pour égorger le vieil André Cinci! Celui-là, tu pourras l'attester dans la vallée des morts, si les abîmes du golfe daignent te le rendre!

Tadeo avoit fait un mouvement de rage, mais il s'étoit contenu en se voyant abandonné.

— La vengeance que je prétends tirer de vous, continua Mario, ne sera pas proportionnée à votre crime. Tadeo sera cru sans doute sur la justification de ses complices, puisqu'on a pu croire Tadeo sur quelque chose; et personne ici n'est tenté de vous arracher à l'ennui d'une indigne et honteuse vie. Si mes bras se plongent encore dans le sang un jour de bataille, c'est parce qu'il sera noble et pur comme le mien, et qu'il ne les salira pas. Allez donc en paix, vivez, jouissez demain comme aujourd'hui de l'air et du soleil, et que le ciel fasse une large part dans sa miséricorde à ceux qui deviendront meilleurs.

En parlant ainsi, Mario fit rentrer la clef dans la serrure, ouvrit la porte qu'ils franchirent en se précipitant les uns sur les autres, et, à leur grand étonnement sans doute, il la referma sur eux. Minuit sonnoit. Nous n'avions pas fait un pas.

— Que dites-vous, amis, reprit Mario, de cette bande d'aventuriers écervelés qui s'imaginent follement que je les ai introduits dans ce vieux palais sans m'y ménager une sortie inconnue? Il appartenoit à mes pères; j'y suis né, et je ne m'occupois qu'à en étudier les détours pendant mes heures de récréation, à l'âge où les autres écoliers s'extasient devant les marionnettes de Girolamo, ou se disputent sur la grande place une tranche de *zucca*. Je l'ai perdu d'un coup de dé, s'il m'en souvient, mais je n'avois pas joué mon secret.

Il appuya sa main sur un ressort caché entre les refends de la boiserie gothique, et une porte invisible s'ouvrit.

L'impression que cette scène avoit produite

en moi enchaînoit mes mouvements, comme un de ces rêves fantastiques dont le sommeil est quelquefois fasciné; et je cherchois dans mon esprit si ce n'étoit pas là l'occasion de mourir que j'avois desirée tant de fois. Soit résignation, soit stupeur, le bruit des coups de crosse qui ébranloient la porte un moment plus tard ne m'avoit pas fait sortir de la méditation où j'étois absorbé, quand Mario revint subitement sur ses pas, me saisit d'une main de fer, et m'entraîna après lui dans le passage qu'il referma de nouveau avec précaution. Je le suivis sans résistance à travers de longs corridors qu'éclairoit à peine devant nous la lampe de son domestique albanois. Nous descendîmes des marches d'escaliers tortueux, nous en remontâmes d'autres, nous parcourûmes des espaces plus larges et plus aérés, mais toujours couverts; nous suivîmes à plusieurs reprises des galeries autrefois somptueuses et encore chargées de noires dorures, mais depuis long-temps solitaires, et nous arrivâmes en quelques minutes de marche à une poterne basse comme un guichet, qui donnoit sur un canal. J'entendis encore au loin de l'un et de l'autre côté la rame de nos amis et le cri d'avertissement des gondoliers. Je montai sur la gondole de Mario; et sur sa demande, je lui répondis à voix basse : À l'auberge de la reine d'Angleterre. C'étoit mon logement. Quand nous fûmes à l'instant de nous quitter, il se leva près de moi à la proue de la barque, et me prit les mains avec une émotion affectueuse qui m'étonnoit dans un homme de ce caractère, au moins selon l'idée que je m'en faisois jusqu'alors sur la foi de la multitude.

— Si vous ne changez pas de sentiments, dit-il, et que rien en effet ne vous retienne à Venise, où votre liberté et votre vie ne sont pas en sûreté, nous nous reverrons bientôt. Vous me trouverez avant deux mois, le propre jour de sainte Honorine, à la chapelle qui lui est consacrée dans l'église paroissiale de Codroïpo, quand le prêtre donnera la bénédiction de la première messe.

— Il ne me faut que vingt-quatre heures pour préparer mon départ, qui ne peut être trop rapproché au gré de mes souhaits, répondis-je, et comme l'emploi de ces deux mois dépend tout-à-fait de ma volonté, je vous jure de me trouver fidèlement au jour, à l'heure et au lieu que vous désignez, pour y recevoir vos ordres suprêmes, si la mort ne porte empêchement à l'exécution de ma promesse.

— Je puis mourir aussi, reprit Mario avec une sorte de gaieté, mais cet accident n'annuleroit pas nos engagements. Prenez ce morceau de la bûchette de coudrier que j'ai rompue à la *vendita*, et suivez où elle le voudra, et quelle qu'elle soit, la personne qui vous présentera l'autre.

Ensuite il m'embrassa; je descendis sur le perron de l'hôtel, et la gondole fila sur le canal, comme une chauve-souris.

La lumière qui descendoit de mes croisées m'annonça que j'étois attendu dans ma chambre. J'y montai précipitamment, et j'éprouvai une surprise qui ne le cédoit à aucune de celles de ma journée, quand j'y trouvai M. de Marsan, non que cette heure avancée de la nuit fût indue à Venise, mais parce qu'il n'y avoit aucune raison pour qu'un homme de cet âge et de cette qualité me fît une pareille visite.

— Assieds-toi, me dit-il pendant que je balbutiois quelques mots, et prends le temps de me répondre d'une manière calme et posée. La démarche que je fais auprès de toi, Maxime, doit t'annoncer assez que j'ai besoin de ton attention; et si tu rends justice à mon amitié, je pense avoir aussi quelques droits à ta sincérité. Je t'ai cru occupé ou absent, parce que j'ai l'habitude de te croire, et je sais cependant que tu n'as pas quitté Venise. Apprends-moi sans hésiter quels motifs t'ont éloigné de ma maison?

Je sentis que je me troublois, je penchai ma tête sur mes mains, et je ne répondis point.

— Ne crains-tu pas, continua-t-il, que j'interprète mal ton silence? On ne cache à l'amitié que des secrets honteux.

Je tressaillis! — Non, non, m'écriai-je, rien de honteux n'a flétri mon cœur! Mais il y a une autre pudeur que celle de la vertu, et l'aveu d'une témérité absurde que j'ai dérobée à tous les yeux, et que j'aurois voulu me dérober à moi-même, peut coûter un effort pénible à ma vanité. Vous l'exigez pourtant, continuai-je sans relever les yeux vers lui. Prenez du moins pitié des illusions d'un insensé!

J'aimois Diana!

— Diana est assez belle pour être aimée, et il n'y a point de femme dont l'amour te soit interdit. Ta seule faute, Maxime, est d'avoir tenté d'intéresser son cœur dans ta passion sans que je fusse prévenu de tes vues. Mes rapports paternels avec toi demandoient peut-être plus de confiance, et je croyois avoir assez fait pour m'en rendre digne. Cette distance qui nous sépare au jugement de la société, penses-tu que j'aie épargné quelque chose pour l'effacer?...

Dès le commencement de cette phrase, mon courage m'étoit revenu. J'osai regarder M. de Marsan.

— Intéresser son cœur sans vous prévenir de mes vues!... ah! cela pouvoit m'arriver auprès d'une jeune fille que le monde auroit regardée comme mon égale, avec une femme née pour moi, et dont la main seroit tombée dans la mienne à la joie de ses parents! Mais loin de moi la pensée d'émouvoir un cœur que la raison des convenances ou l'orgueil des rangs peut me refuser ! Jamais ma bouche n'a inquiété Diana d'une déclaration, d'un aveu, d'un soupir, et si elle se plaint des ennuis que lui a donnés mon amour, c'est qu'elle l'a deviné. A dire vrai, cela n'étoit peut-être pas difficile.

— Tu ne lui a pas dit que tu l'aimois ! Tu ne sais pas si elle aime, et si c'est toi qu'elle aime ! Oh ! si elle t'aimoit ! — Écoute-moi, cependant, car c'est à moi maintenant à te rendre franchise pour franchise, et je te dirai tout comme tu m'as tout dit. N'insiste pas ! j'en suis sûr ! — Diana est mon seul enfant ; je l'aime comme mon seul enfant, de toute l'affection que le cœur d'un homme peut contenir, quoique son caractère noble et bienveillant, mais sombre et austère, m'ait procuré peu de ces douces joies dont le bonheur des pères se compose. Toute ma vie s'est passée depuis sa naissance à rêver pour elle un établissement honorable ; et malgré la médiocrité de ma fortune et l'abaissement passager de ma condition, il s'en est présenté un grand nombre qui auroient fait envie aux familles les plus illustres de l'Italie. Diana les a tous repoussés. Les qualités les plus brillantes, les vertus les plus signalées, les assiduités les plus tendres, ont échoué contre l'opiniâtreté de ce caprice farouche que je ne peux m'expliquer, et qui me condamne à voir mourir en elle les espérances de ma vieillesse. Il y a là dedans, je te l'avoue, un mystère qui m'épouvante et me confond.

— Permettez, mon père, dis-je, et pardonnez-moi de vous interroger à mon tour, car il le faut absolument pour que je parvienne à éclaircir vos doutes et à dissiper vos inquiétudes. Êtes-vous bien sûr que sa tendresse n'appartient pas secrètement à un homme qui a eu des raisons de ne point se faire connoître, ou dont vous avez peut-être vous-même rebuté les prétentions?

— L'idée qui te frappe n'est pas tout-à-fait nouvelle à mon esprit, répondit M. de Marsan d'un air soucieux; mais la circonstance que tu supposes ne s'est présentée qu'une fois, et si j'ai cru devoir la dissimuler à Diana, c'étoit pour lui épargner un mouvement d'indignation et d'horreur qui auroit pu devenir fatal à son repos. Tu en jugeras par le nom seul de celui qui osoit prétendre....

— Je n'ai pas besoin de savoir son nom, et je sens au bouillonnement de mon sang que je ne l'apprendrois pas sans danger pour l'un de nous deux ! Que diriez-vous cependant, mon noble ami, car le cœur des femmes est rempli d'énigmes impénétrables, que diriez-vous si l'indigne amant que vous avez rejeté avec tant de dédain étoit précisément celui qu'elle auroit choisi ?

— Ce que je dirois ! s'écria M. de Marsan en se levant de sa chaise avec emportement, je dirois : Fille indigne de moi, sois maudite à jamais, et que la colère et les vengeances de Dieu s'attachent à toi comme le vautour à sa proie ! que le reste de tes jours s'écoule dans la solitude et dans le remords ! que le pain quotidien de tous les hommes se change en gravier sous tes dents !....

Il alloit continuer. J'imposai ma main sur sa bouche, et je le pressai contre moi de l'autre bras.

— Que le ciel, mon ami, intercepte cette horrible malédiction entre vous et Diana, et la fasse plutôt retomber sur ma tête, qui est dévouée dès l'enfance à toutes les épreuves et à toutes les misères. Mais il paroît que ma supposition étoit complétement dénuée de vraisemblance, et je regrette de l'avoir hasardée, puisqu'elle pouvoit développer en vous une si vive irritation. — Il ne me reste qu'à savoir, repris-je en souriant pour le distraire de plus en plus de son émotion, quelle part vous m'avez donnée à supporter dans vos chagrins domestiques, et ce qui a pu vous résoudre à exiger d'un cœur faible, mais sans reproche, l'aveu humiliant que je vous ai fait?

M. de Marsan se rassit. — Je croyois avoir remarqué que tu aimois Diana, et tu conviens que je ne me trompois pas. Je pensois qu'elle devoit t'aimer; je le pense encore, peut-être parce que je le desire, et que mon propre bonheur est intéressé dans le tien. J'attribuois ses refus au sentiment que tu lui avois inspiré; ton silence, je l'attribuois à une timidité délicate et défiante, et c'étoit ce vain obstacle que je me flattois de rompre d'un mot. Sois mon fils par le sang, t'aurois-je dit, comme tu l'es, ou peu s'en faut, par l'amitié

que je te porte. Voilà tout ce que je voulois.
Nos affaires ne me paroissent plus aussi avancées, mais je n'en désespère pas encore. Tu me parlois dans ta dernière lettre d'un projet arrêté de partir après-demain. Il n'y aura pas de mal, si je me trompe sur les dispositions de Diana, car tes peines s'aggraveroient de la déception de nos espérances; et d'un autre côté, la société où tu vis d'habitude, au moins depuis que tu t'es éloigné de moi, n'est pas bonne par le temps qui court pour un jeune homme déjà suspect au pouvoir. Viens donc dîner demain avec moi, avec Diana. Tu lui feras cet aveu que j'autorise, et duquel dépend notre avenir à tous trois. Qui sait si nous ne devons pas nous réveiller le jour suivant sous un soleil plus favorable que celui qui m'éclaire depuis quelques mois?

— Hélas! répondis-je, pendant qu'il prenoit mon bras pour regagner sa gondole, je n'augure pas tout-à-fait aussi favorablement que vous de cette démarche; mais si elle ne sert qu'à me convaincre de mon infortune, j'espère au moins inspirer assez d'estime et de confiance à mademoiselle de Marsan pour obtenir d'elle le secret qui vous touche, et voir se rétablir en vous quittant la tranquillité que vous avez perdue. Quant à ma propre destinée, il y a long-temps que je n'y fonde plus d'aussi douces espérances, et que d'autres épreuves m'ont accoutumé à la résignation. Mais quel que soit mon sort, il ne changera rien à ma reconnoissance envers vous, et le titre de fils que vous m'avez donné, je le garde pour toujours.

Je n'ai pas besoin de dire que cette nuit se passa dans d'étranges agitations; mais l'espérance eut si peu de part à mes rêves, que j'achevois d'arrêter au point du jour tous les arrangements de mon départ pour le jour suivant, et que j'employai la matinée à les régler avec le calme impassible d'un homme dont les résolutions n'ont plus de vicissitudes à subir. J'arrivai enfin chez M. de Marsan, où tout avoit un air de fête, car l'excellent vieillard ne voyoit dans cette solennité d'adieux que les approches d'un heureux événement qui alloit me fixer à Venise, et l'assurance de son contentement crédule éclatoit dans ses regards de manière à m'enhardir à la fois et à me désespérer. Je cherchai ceux de Diana ; ils n'avoient pas changé d'expression, et je me connoissois aux symptômes de l'amour, car j'avois été aimé. Il n'est pas nécessaire d'être bien des fois malheureux pour savoir lire dans le cœur d'une femme, et la plus habile ne m'auroit pas trompé sur ses impressions secrètes ; mais l'antipathie ingénue de Diana avoit quelque chose de plus cruel, je ne sais quoi d'accablant et de froid qui me pesoit sur le sein comme du plomb. — On me plaça cependant auprès d'elle à table. Je frissonnai d'une émotion mêlée de crainte, et je ne la regardai plus.

Les convives étoient nombreux. La conversation fut long-temps ce qu'elle est à Venise, ce qu'elle est partout, un frivole échange de nouvelles sans importance. Le vin de Chypre l'anima.

— Qu'est-ce donc, dit un des *signori*, que cette nouvelle tentative qui a failli troubler hier la tranquillité de la ville ! On dit que la garnison et les sbires ont été sur pied toute la nuit.

— Eh quoi ! répondit un autre, ne le savez-vous pas? Un complot d'aventuriers, pour la plupart étrangers, qui se proposoient d'égorger les Français et de changer le gouvernement.

— En vérité, interrompit M. de Marsan, il n'y a qu'à les laisser faire; leur sagesse est éprouvée, et les nations ne peuvent pas choisir de plus dignes législateurs! Cette ivresse des peuples durera-t-elle encore long-temps?

— Heureusement, reprit le second, cela est si misérable qu'une poignée de soldats a suffi pour les disperser, et le bruit de leur conspiration ne parviendra peut-être pas à la Judecque.

— Mais que veulent-ils encore, les malheureux? leur projet échoué ne pourroit-il pas servir de prétexte à quelque nouvelle persécution contre les serviteurs de la vieille dynastie françoise?

— Nullement! il ne s'agissoit que de Venise et de sa république. Savez-vous que, s'ils avoient réussi, nous vivrions aujourd'hui sous le gracieux gouvernement de Mario Cinci, doge de Venise?

— Mario Cinci! dirent tous les assistants.

— Mario Cinci ! répéta M. de Marsan, le poing fermé sur le manche de son couteau !

— C'est le dieu de la populace, ajouta un vieillard, et cela fait trembler pour l'avenir !

— Rassurez-vous au nom du ciel ! les bandits s'étoient assurés de précautions si prudentes qu'on n'a pas pu en arrêter un seul; mais on sait par des rapports certains que Mario ne se trouvoit point parmi eux, car il se commet rarement aux dangers qu'il fait courir à ces misérables, dont la vie n'est dans ses mains qu'un jouet de peu de valeur. Il se renferme, pendant qu'on agit pour lui, dans sa *Torre Maladetta* du Tagliamente, à la grande épouvante des voyageurs, pour s'y livrer sans doute à la fabrication de la fausse monnoie et des poisons, comme toute sa famille de parricides.

— Malédiction ! m'écriai-je en me levant, tout cela est horriblement faux ! Quiconque vous l'a dit est un calomniateur infâme, plus coupable que l'assassin mercenaire qui vend à la haine des lâches son âme et son stylet ! Le projet de ces horribles vêpres vénitiennes dont vous parlez, c'est Mario Cinci qui l'a déjoué, ce sont ses ennemis qui l'avoient conçu. Il n'en a pas coûté de grands efforts aux soldats pour dissiper les conspirateurs; car personne n'ignore maintenant qu'ils ont parcouru un palais désert, et comme ils sont François, je vous jure que le bruit de leurs pas répété par un écho n'étoit pas capable de les épouvanter. Le gouverneur de Venise, que j'ai visité ce matin pour le prévenir de mon départ, ne voit dans ce prétendu complot que ce qui y étoit réellement, la basse spéculation de quelques espions, qui se flattoient d'attirer sur eux des faveurs et des récompenses, la prime du mensonge et l'aumône honteuse de la police, en supposant des crimes pour faire valoir des services. Ceci est la vérité, messieurs ! — Quant à Mario Cinci, je ne sais quels torts de sa jeunesse ont pu attirer sur lui la réprobation universelle; mais j'avoue que je ne crois pas aux folles haines de la multitude, et que je ne crois guère davantage aux aveugles colères de la fatalité. Tout ce que je connois de lui me l'a montré comme le plus généreux des hommes. L'injustice de l'opinion qui le poursuit le grandit encore à mes yeux, et je dois vous prévenir, messieurs, au moment de vous quitter pour toujours, que cette conversation ne se prolongeroit pas sans porter mon cœur à des mouvements que je voudrois éviter. La cause de Mario Cinci est la mienne : et quel ami subiroit sans transports et sans vengeance les injures faites à son ami absent ? Vénitiens, je vous le demande !...

— Ton ami ? dit M. de Marsan. Connoissois-tu Mario ?

— Je ne l'ai vu qu'une fois; sa voix n'a pas frappé mon oreille pendant cinq minutes, mais je suis plus prompt à me saisir d'une affection, et mes affections ne se démentent jamais.

— Je ne t'avois jamais vu cette exaltation, continua-t-il en se rapprochant de moi, car la conversation générale avoit fini, et les invités s'étoient distribués deux à deux dans la grande salle, sans témoigner l'envie de s'entretenir davantage. — Et cependant je ne peux te savoir mauvais gré, ajouta M. de Marsan, des erreurs d'un cœur follement affectueux, qui prend part sans réflexion à la querelle des absents. L'expérience t'apprendra trop tôt qu'il ne faut pas se fier à des apparences imposantes dans le jugement qu'on porte du premier venu, quand il auroit, comme Mario, la taille d'Anthée, qui lutta contre Hercule, mais qui ne reprenoit de forces qu'en embrassant la boue dont il étoit sorti. L'imagination dupe le cœur. Je ne t'en parlerai donc pas, quoique cette explosion passionnée ait cruellement tourmenté le mien. Il est question d'autre chose entre nous, et l'intérêt si vif que Diana te témoigne aujourd'hui semble m'annoncer que jamais l'occasion n'a été plus favorable et mes prévisions plus justes. Accompagne-la chez elle, et songe que j'attends mon arrêt du tien!

En effet, et je l'avouerai, je m'en étois à peine aperçu, tant je me croyois désintéressé dans cette espérance. Diana, qui avoit quitté sa place aussitôt que moi, venoit de lier sa main à ma main, et autant que j'en pouvois juger sans l'avoir revue, sa tête se penchoit vers mon épaule, presque de manière à la toucher. Je me retournai vers elle, et je vis qu'elle étoit pâle. Je pressai cette main qui trembloit; je reconduisis Diana, et je la fis asseoir, plus disposé à la quitter qu'à la troubler d'une émotion inutile. J'allois m'éloigner quand elle me retint. Je m'assis. Nous gardâmes quelque temps le silence; mais ses doigts, que tant de fois j'aurois voulu presser au prix de ma vie, s'étoient unis plus étroitement aux miens; ils étoient humides et tièdes. Elle palpitoit d'une émotion que je ne comprenois pas : je ne savois si c'étoit là un sujet de joie ou de désespoir, et cela dura plusieurs minutes, ces longues minutes que vous savez, et que durent les troubles et les inquiétudes de l'amour. Elle parla enfin.

—Maxime, dit-elle, combien je vous aime!

—Prenez garde! m'écriai-je, les mots que vous avez prononcés là sont affreux pour moi, si vous n'en prévoyez pas les conséquences. Vous ne savez peut-être pas, Diana, que je viens vous demander votre main, parce que votre père me l'a promise!...

Elle se leva, marcha, passa devant moi les bras croisés, le front penché, le sein haletant. Elle s'arrêta; elle appuya ses mains sur mes épaules, les croisa derrière mon cou, et

me dit d'une voix qui s'éteignoit sur ma joue :
— Pauvre Maxime ! L'ami de Mario Cinci ne savoit donc pas son secret quand il le défendoit tout à l'heure ?...

Je ne répondis point : un voile se déchiroit devant mes yeux ; mais je ne devinois pas tout.

— Pourquoi, sans cela, continua-t-elle, aurois-je insulté à ta tendresse de bon et digne jeune homme ? Ah ! cela seroit odieux si l'on n'avoit pas aimé ! mais je l'aimois, vois-tu !... mais il étoit mon âme et ma vie !... il en disposoit à jamais, et ton amour me remplit de douleur en s'égarant vers moi, qui ne pouvois le payer de retour. Le caractère et l'aspect que je me fis pour te rebuter devoient me rendre haïssable. Je m'en flattois amèrement, parce qu'il falloit pour ton bonheur que je fusse haïe de toi ; et comprends ce qu'il m'en coûtoit, à moi, Maxime, qui t'aimai du premier jour comme un frère, et qui t'aurois donné volontiers tout un cœur si j'en avois eu deux !... Me pardonneras-tu ?

Je restai quelque temps sans parler et sans voir ; ensuite je la regardai.

Elle pleuroit. Je baisai ses bras palpitants, et puis ses joues, ses yeux humectés de larmes, et je mêlai mes larmes aux siennes.

— Vous aimez Mario, Diana ! c'est un digne choix ! Que le ciel vous favorise !

— Je l'aime, dis-tu !.... reprit-elle avec force. Mon existence est plus complète que tu ne le crois : je suis sa femme !....

— Sa femme ! et votre père, mademoiselle, avez-vous pensé à lui ?...

Elle abaissa ses paupières, comme si elle avoit été honteuse de me laisser lire dans son âme.

— Mon père !... mon excellent père !... Oh ! qu'aux dépens de mes jours la nature prolonge les siens ! qu'aux dépens de mon bonheur, elle les embellisse !... Mais quand Mario, prosterné devant lui, cherchoit à vaincre son cœur : — Votre femme ! dit mon père ; j'aimerois mieux qu'elle fût morte ! — Il l'a dit. Mon père m'aura morte comme il l'a souhaité, et Mario m'emmènera vivante.

— Votre raison se trouble, Diana !... Que dites-vous ?

— Ce que je dis, l'avenir l'expliquera; mais n'accusez pas ma volonté. Elle ne m'appartient plus. Conservez-moi un souvenir, un souvenir rigoureux si vous le voulez, pourvu qu'un peu d'amitié, cher Maxime, en adoucisse la sévérité... Et si ma vie vous intéresse encore, ne craignez pas que j'en dispose sans votre aveu. — Maintenant l'heure s'approche où il faut....... Etes-vous prête, Anna?...

Sa femme de chambre entra et vint se placer à côté d'elle.

Mon père vous attend, Maxime; allez lui dire que vous m'accompagnez à ma gondole.

Il n'y avoit qu'une porte à ouvrir. Il m'attendoit les yeux fixes et ardents d'impatience; je tombai à ses pieds.

Au nom du bonheur de Diana et du vôtre, mon ami, revenez sur vos injustes préventions contre le noble Mario Cinci! C'est l'époux que vous devez à Diana pour sauver sa vie...

— Mario Cinci ! cria le vieillard en me repoussant avec dureté... Qu'elle l'épouse et qu'elle meure!... Une parricide de plus dans la famille des Cinci!... Béatrice et Diana!...

Il marchoit précipitamment et il m'entraînoit sur ses pas, parce que mes mains s'étoient attachées à ses genoux.

Il s'arrêta en me disant : — Va-t-en, traître!... Et ensuite il me regarda en pitié. — Va-t-en, dit-il plus doucement en passant ses deux mains sous mes bras pour m'aider à me relever, va-t-en, pauvre enfant, et que je n'entende plus parler de tout ce que j'ai aimé, car le reste de mes vieux jours a besoin de solitude et de repos.

Je me retrouvai près de Diana, je lui offris la main sans prononcer un mot, et elle ne m'interrogea pas, car j'avois laissé la porte entr'ouverte dans le trouble de ma démarche; et il étoit impossible qu'elle n'eût pas entendu.

Quand je la quittai à sa gondole, j'approchai ses doigts de mes lèvres; elle les retira et se jeta dans mes bras. Un moment après, j'étois seul.

Je suivis long-temps du regard la gondole

de Diana entre toutes les autres, et je la reconnoissois de loin, parce qu'elle étoit ce jour-là, contre l'usage, marquée d'un nœud flottant de rubans cramoisis.

Je me présentai inutilement le même soir chez M. de Marsan. Sa maison étoit interdite à tout le monde.

Au lever du soleil, par un jour triste et froid de janvier 1809, le petit bâtiment qui me conduisoit à Trieste déboucha des lagunes dans la grande mer, qui étoit haute et houleuse, car la nuit avoit été fort mauvaise. Notre patron héla quelques barques de mariniers, qui paroissoient occupés à relever sur la pointe d'un îlot une gondole échouée.

—Quelqu'un a-t-il péri, s'écria-t-on de notre bord?...

—Selon toute apparence, répondit le maître; mais il est probable que les cadavres ont été emportés par la lame, puisqu'on ne les a pas trouvés sur les acores. Cette gondole sans chiffre et sans nom ne se distinguoit d'ailleurs des autres que par ce chiffon de rubans.

Je m'en saisis, je l'attachai à ma chemise, et je défaillis. Je fus long-temps à revenir à moi.

Le lendemain j'étois à Trieste.

LE TUNGEND-BUND.

LE TUNGEND-BUND.

DEUXIÈME ÉPISODE.

Ce que je redoute le plus dans mes frivoles compositions, c'est de passer pour avoir la prétention d'inventer, et la raison en est toute simple : ce n'est pas du tout mon talent, et je m'en aperçois aussi bien que personne quand je suis obligé de travailler d'imagination. Quant à mes souvenirs, il n'en est pas de même. Ils peuvent être plus ou moins romanesques dans l'aspect, plus ou moins emphatiques dans l'expression, tenir de l'hyperbole par la parole, et du drame par l'arrangement; mais c'est la faute de mon organisation et non pas celle de ma sincérité. Je ne saurois trop répéter qu'il faut s'en prendre au malheur de l'artiste, qui voit noir, qui voit jaune, qui voit vert, qui voit le ciel plomb, la mer ardoise, la verdure velours, et qui copie ce qu'il voit. Ce n'est pas « bien écrire » qui est le plus beau de tous les dons de la nature, comme l'a dit Pope; c'est « bien voir, » et je ne m'en suis jamais flatté. Du reste, il ne faut pas trop s'en rapporter au lecteur insouciant, quoique ingénieux et sensible, qui vous dit du coin de son feu : *Voici du vrai, du vraisemblable et du faux*, en parlant d'un événement éloigné ou d'une époque d'exception, qu'il auroit vue autrement lui-même à vingt-cinq ans, avec l'intérêt de sa vie et les passions de son âge.

Au commencement de 1809, les hommes de ma façon n'étoient pas des spectateurs à moitié endormis sur des banquettes, qui regardent froidement la pièce en clignant de l'œil jusqu'à la chute du rideau. C'étoient, et le malheur en est à la nécessité des temps et des caractères, ou des acteurs très-préoccupés de leur importance dramatique, ou des comédiens très-habiles à calculer les chances de la recette. Les acteurs que j'aimois ont disparu : les comédiens sont là : *Plaudite, cives!*

Jamais je n'ai été moins intéressé à cette explication qu'à la tête de ce chapitre, dont mon pauvre barbet noir, l'honnête Puck, pourroit vous rendre aussi bon compte que moi, s'il avoit joint à ses digres facultés de chien celle d'exprimer la pensée, et surtout s'il n'étoit pas mort trois ans après sur mon oreiller, dans un petit bourg du Valais. Pauvre Puck, que j'ai appelé dix ans mon dernier ami avant de trouver un homme qui méritât de le remplacer dans mon cœur !..... Je vous réponds que la plus grande preuve des justes vengeances de Dieu contre notre folle espèce, c'est la brièveté de la vie du chien. Il ne faut aimer que lorsqu'on est vieux; on a moins à regretter quand on s'en va.

Mais ce n'étoit pas cela que je voulois dire; c'est que cet épisode n'est guère plus attrayant que ce que vous venez de lire jusqu'ici. Ce sont des faits assez vulgaires qui ne lient les deux extrêmes de ma trilogie que par des rapports peu visibles, mais fort essentiels, et qui ne manqueroient pas d'un certain mérite d'artifice et de combinaison, s'il y avoit de l'artifice et de la combinaison dans ce que j'écris. Il n'y sera plus question de mon amour extravagant dont vous savez que l'issue n'a pas été heureuse. Les personnages avec lesquels vous aviez fait connoissance n'y reparoîtront pas, et vous en verrez d'autres que vous connoissez tout au plus de nom, mais dont le portrait n'est pas indigne de l'histoire, qui ne leur a jusqu'ici accordé que de courtes et froides notices peu satisfaisantes pour un esprit curieux. C'est dans cette galerie que je vous introduis, et je n'y ferai que l'office d'un cicerone exact; le rôle fort insignifiant auquel j'ai été réduit parmi eux ne me permet pas d'autre emploi.

La seule particularité de mon premier récit qu'il soit essentiel de vous rappeler maintenant, c'est que j'avois lieu de croire, en arrivant à Trieste, que Diana de Marsan étoit morte victime d'un naufrage ou d'un suicide. Un billet noué d'un ruban cramoisi comme celui de sa gondole, et que le patron me remit au débarquement, me tira de cette cruelle angoisse. Il n'étoit pas signé, et je ne connoissois point l'écriture de Diana; mais il ne pouvoit venir que d'elle. J'en rapporterai sans peine les propres expressions, car on doit imaginer que je ne l'ai pas perdu : « Ne vous
» alarmez pas, Maxime, des bruits qui pour-
» ront vous parvenir : un cœur que vous avez
» pénétré de reconnoissance et d'amitié pal-
» pite encore pour vous. Un cœur! il falloit
» dire deux. On vous engage à n'oublier ni le
» rendez-vous, ni l'église, ni le signal, et je
» sens que je suis intéressée aussi à l'accom-
» plissement de votre promesse par un sin-
» cère desir de vous revoir. »

Tout s'expliquoit ainsi. Le rendez-vous dont il m'étoit parlé, c'étoit certainement celui qui devoit me réunir à Mario Cinci, dans l'église de Codroïpo, à la chapelle de Sainte-Honorine. Mes inquiétudes s'évanouirent, et je ne songeai plus qu'à me reposer des agitations passées, dans les douces émotions de l'étude, qui devenoit déjà le premier de mes plaisirs.

Cela n'étoit pas facile à Trieste, où le parti allemand et le parti de la conquête divisoient tous les esprits et toutes les conversations; mais, par un hasard qui vaut la peine d'être remarqué, l'émigration françoise n'y étoit pas suspecte. Les hommes de cette classe qu'un heureux choix avoit fixés dans ces contrées charmantes s'y naturalisoient si facilement, qu'on oublioit de jour en jour leurs titres d'origine en les voyant se livrer à d'utiles et laborieuses industries. Un de nos plus brillants marquis y avoit fondé une vaste maison de commerce dont la réputation est européenne. La meilleure auberge du pays étoit tenue par un chanoine, l'aimable et savant abbé Maurice-Trophime Reyre, et il en étoit à peu près de même pour tout le reste. Les opinions s'étoient identifiées comme les mœurs, suivant les positions et les caractères; mais les séductions de la gloire ont tant d'empire sur notre vanité nationale que le parti de Bonaparte dominoit un peu. Il faut l'avoir vu pour le croire. Ainsi, je le répète, il n'y avoit point de prévention exclusive contre les François, parce qu'il n'y avoit point de simultanéité entre eux : chacun comptoit les siens.

J'arrivois déjà dans mes moments lucides à cet âge d'éclectisme qui est celui de la raison ; mais les moments lucides étoient rares dans ma vie de jeune homme, et le vieux levain de la ligue, comme avoit dit Henri IV, fermentoit quelquefois dans mon cœur au seul nom de Napoléon : belle et savante inimitié qui nous a menés loin, le monde et moi—grâce pour le rapprochement !—. J'en étois d'ailleurs venu au point de regarder la part obscure que je prenois à cette opposition impuissante comme une condition imposée par la fatalité qui me dominoit. Je ne croyois plus à la possibilité de cette république du genre humain, pour laquelle une poignée d'écoliers ingénieux, passionnés et absurdes, avoient fait une langue, des institutions et des lois ; mais j'étois retenu à leur cause par le souvenir même de leurs inutiles et malheureux sacrifices. Leur sang crioit dans mes oreilles, et me reprochoit de n'être pas mort avec eux, si je n'étois capable de servir leur mémoire et leurs projets, au moins par le concours des forces qu'ils m'avoient connues et auxquelles ils s'étoient si tendrement confiés. Je pensois souvent que nous avions eu tort; mais aucune réflexion ne pouvoit me détourner du devoir de les suivre et de finir comme eux.

Pour le peu de temps que j'avois à passer à Trieste, il falloit cependant me décider, parmi mes compatriotes, entre deux sociétés bien distinctes, et que le peuple lui-même avoit signalées, celle des *Nasoni* et celle des *Gobbi*. Ces appellations insultantes, déterminées probablement par quelque défaut physique des deux personnages les plus imposans de l'une et de l'autre opinion, séparoient d'une manière insurmontable nos voyageurs, nos réfugiés et jusqu'à nos proscrits, tant il est vrai que les hommes les plus faits pour se rapprocher trouvent partout d'excellentes raisons de se haïr. Comme je ne voulois haïr personne, je pris un parti non pas moyen, mais excentrique avec les deux opinions, et je me sauvai, sans qu'on y prît garde, à la plus simple auberge du quartier des juifs, qui n'étoit fréquentée ordinairement que par les petits marchands et les paysans des montagnes. Cette solitude très-réelle que l'on trouve au milieu d'une multitude indifférente m'agréoit fort. Il n'y a rien de moins importun que la foule quand on n'y est pas connu.

Mon premier objet avoit été de commencer de là mes excursions, si belles en espérance, aux villages poétiques des Morlaques, aux tribus toutes primitives du Monténègre, aux ruines de Salone, d'Épidaure, de Tragurium et de Macaria. Mes engagements avec Mario ne me permettoient plus ce long voyage, et d'ailleurs la petite, mais brillante armée du général Marmont se répandoit déjà sur le pays intermédiaire pour aller exécuter, sous les ordres de ce brave capitaine, cette fameuse jonction de Brug, qui est une des plus belles opérations militaires des temps modernes, et qui sembla fixer éternellement à Wagram les destinées du nouvel empire. Je me bornai donc à parcourir des lieux plus rapprochés de ma station de banni, les restes d'Aquilée, les grands débris de Pola, les merveilles naturelles de Zirchnitz, les mines fantastiques d'Idria, et ces antiquités nominales qui n'ont que la tradition pour monument, le bord de la Save où restent imprimés, à ce qu'on dit, les pieds de Castor et Pollux, l'endroit où Jason fit sceller la première pierre de sa jeune ville d'Emona, le rocher d'où parloit Japix, et le cirque de Diomède.

Je passois mes jours de résidence à errer dans le *Farnedo,* vaste bosquet qui tenoit lieu de promenade à Trieste avant que son spirituel et habile intendant, Lucien Arnault, en eût ouvert de nouvelles, plus régulières, plus élégantes, plus françoises, plus rapprochées de la ville et du port, mais qui ne me rappelleront jamais autant de douces rêveries et d'impressions délicieuses. Le *Farnedo,* c'est la forêt du naturaliste, du poète et de l'amant. La saison n'étoit pas favorable à en jouir au commencement de mon séjour; mais dès la fin elle commençoit à s'embellir. Le printemps prêtoit à peine au *Farnedo* ses premières grâces; mais c'étoit le printemps du *Farnedo,* qui a tout en naissant, des femmes, des fleurs, des papillons;

qui avoit cette fois-là, pour qu'il ne manquât rien à son attrait romanesque, des brigands et des dangers. Je ne sais si j'y ai été plus heureux sous la protection de nos gouverneurs, de nos régimens et de nos canons.

La table d'hôte à laquelle je m'asseyois tous les soirs, au retour, offroit peu de ressources à la conversation, et j'en étois enchanté. Les convives étoient ordinairement de très-dignes gens, fort préoccupés de leurs affaires, qui me laissoient jouir en paix du bonheur de n'en point avoir, et qui avoient d'ailleurs la complaisance, pour me mettre tout-à-fait à mon aise, de s'expliquer dans un des cinquante dialectes de l'esclavon, ou dans un des cinquante patois plus impénétrables à mon intelligence, du Frioul, du Tyrol et de la Bavière. Cependant le renouvellement journalier de ces rapports devoit finir par établir entre quelques-uns de mes commensaux et moi une espèce d'intimité. Il s'en trouvoit deux parmi eux qui parloient d'ailleurs françois avec une grande élégance, et qui étoient plus versés que moi-même dans la technologie des sciences physiques, mon principal objet d'étude et d'affection. Nous fîmes bientôt connoissance.

Le premier étoit connu à Trieste sous le nom du docteur Fabricius, et c'est ainsi que je le désignerai à l'avenir, quoique j'aie entendu dire qu'il s'appeloit autrement. Dans sa vie extérieure, il s'étoit fait une haute réputation médicale fondée sur des théories singulières, mais extrêmement contestées par les gens qui prétendoient s'entendre à cet art d'hypothèses dont il ne faisoit pas fort grand cas.

Le second étoit un jeune Polonais, nommé Joseph Solbioski, et non Solbieski, comme disent les biographes. Joseph avoit tout ce qu'il faut d'esprit et de cœur pour entraîner une âme moins attirable que la mienne, qui ne demandoit qu'à aimer quelqu'un. Je l'aimai tout de suite. Il étoit à peu près de mon âge ; ce que j'aimois, il l'aimoit aussi ; ce que je savois, il le savoit mieux. J'étois plus fort et plus grand ; il étoit plus doux, plus sage et plus beau. On fait avec cela des sympathies indissolubles. Je ne le croyois pas éloigné de mes opinions ; mais une opinion est si peu de chose auprès d'une affection !

Nous nous tenions tous les deux, de crainte de nous contrarier réciproquement, dans une réserve si étroite sur les questions politiques dont le monde étoit occupé, et j'attachois de mon côté si peu d'importance à m'assurer d'une harmonie de plus dans nos sentiments, tant il suffisoit des autres pour nous unir inséparablement à jamais, que je n'essayois pas d'en savoir davantage. Comme celui-ci a obtenu depuis en Allemagne une réputation historique dont le bruit n'est probablement pas venu jusqu'à vous, vous me pardonnerez de vous le faire connoître avec plus de détails, au commencement d'un récit où il ne me quittera presque plus. Nous commencerons cependant par l'autre.

Le docteur Fabricius avoit près de soixante-dix ans; mais c'étoit un de ces septuagénaires, adolescents d'âme et d'imagination, qui imposent à l'esprit des jeunes par leur verve et leur vivacité. Ce qui frappoit le plus dans sa singulière physionomie, c'est un type fort prononcé qui n'avoit rien d'allemand, et dont le galbe mince, effilé, saillant, tenoit plutôt quelque chose de l'Andaloux ou du

Maure. Sa maigreur brune et osseuse, qui laissoit presque à nu le jeu actif et passionné de ses muscles; l'*acutesse* pénétrante de ses yeux ardens et mobiles, dont le disque étoit un charbon et le regard une flèche; l'étrange propriété de ses cheveux encore noirs, qui se hérissoient comme spontanément au moindre pli de son front, tout cet ensemble extraordinaire lui donnoit quelque chose de l'aspect d'un aigle. J'ai entendu peu d'hommes plus abondants en paroles; mais son abondance pleine, soutenue, éloquente, même quand elle étoit diffuse, ne se répandoit en épisodes et en figures que par excès de richesses, et s'y complaisoit sans s'y perdre. Un homme ainsi organisé ne pouvoit pas être entièrement étranger aux grandes pensées qui émouvoient alors l'Europe; mais il s'abstenoit avec une sorte d'affectation de tous les entretiens dans lesquels le mouvement naturel des esprits faisoit rentrer ces idées en dépit de nous. [La préoccupation qui le dominoit sembloit être un spiritualisme exalté, une théorie spéculative combinée des principes de Swedenborg, de Saint-Martin et peut-être de Weissaupt;

mais son enthousiasme très-expansif pour les livres d'Arndt, et de quelques autres philosophes *tungend-bundistes*, révéloit en lui un profond sentiment de la liberté.)

Le docteur ne s'étoit arrêté à Trieste que pour y régler quelques affaires d'intérêt avec des régisseurs chargés de l'administration de ses biens dans un rayon assez étendu, car on le disoit fort riche, ce qu'on n'auroit deviné d'ailleurs ni à la modestie de ses dépenses, ni à la simplicité de ses mœurs. Il n'y avoit donc rien de surprenant à le voir souvent en rapport avec des voyageurs venus pour lui, et qui ne résidoient pas. Si je les avois devinés alors, j'aurois eu cependant assez de temps pour les observer, et j'en conserverois un souvenir assez présent pour les peindre; mais j'ai déjà dit qu'il n'existoit aucune espèce de contact politique entre mes nouveaux amis et moi. Ces étrangers qui se succédoient chaque jour, c'étoit Kolb, c'étoit Marberg, les Pélopidas, les Thrasybules du Tyrol; c'étoient les braves frères Woodel, fusillés depuis à Wesel le 18 septembre de la même année; c'étoit l'aubergiste André Hofer que je remarquai

6

davantage, parce que je l'avais entendu nommer souvent chez le marquis de Chasteler, à l'occasion des événements de 1808; et celui-là est si connu, que les impressions qu'il m'a laissées n'apprendroient rien à personne, si elles ne différoient un peu de celles que mes lecteurs ont pu prendre dans l'histoire. La célébrité des uns et des autres n'atteignit d'ailleurs à son apogée qu'un mois après le passage d'André Hofer à Trieste, c'est-à-dire à cette mémorable victoire des paysans, dont le Tyrol marque le glorieux anniversaire au 29 février.

J'avois bien formé quelques conjectures sur l'apparition du Samson de Passeyer dans notre méchante hôtellerie de *l'Ours*, mais sans y donner de suite. Il étoit tout naturel qu'André Hofer, qui, en vertu de sa profession, exerçoit une agence d'affaires fort étendue, suivant l'usage du Tyrol, eût des intérêts à démêler avec un propriétaire opulent comme le docteur Fabricius. Quant à la part très-active que Joseph Solbioski prenoit à leurs négociations secrètes, elle n'étoit pas plus difficile à expliquer, Joseph étant destiné à devenir le gendre du docteur à une époque assez rapprochée, car *on attendoit la future*. J'ai compris depuis que cette expression, qui couvroit un sens mystique dans notre *zergo* des sociétés secrètes, pouvoit bien m'avoir caché quelque double sens; mais je suis si peu curieux, et j'étois déjà si porté d'ailleurs à me déprendre de ces mystères, qu'il ne m'est pas arrivé une seule fois d'y saisir autre chose que sa valeur littérale.

Il n'y a guère d'hommes de ces derniers temps dont les Allemands se soient plus passionnément occupés que d'André Hofer, et il n'y a certainement point d'homme qui ait plus dignement justifié leur enthousiasme; les vertus et la piété d'André Hofer l'avoient fait surnommer *le Saint du Tyrol,* comme Cathelineau avoit été surnommé quinze ans auparavant *le Saint de l'Anjou,* et nul homme n'a mieux répondu qu'André Hofer, parmi tous ceux que j'ai vus, à l'idée que je m'étois faite de Cathelineau. Il faut cependant que j'accorde d'abord un point important à la critique; c'est que cette opinion ne s'est composée que depuis, sur des impressions très-légères et très-fugitives ; car je n'ai vu André Hofer que pendant deux jours, et je ne lui ai pas adressé la parole, par l'excellente raison qu'il savoit infiniment peu d'italien, et qu'il ne savoit pas un mot de françois. L'impression récente de son premier rôle historique m'intéressoit cependant à le voir, et celui qu'il joua quelque temps après dans les événements de l'Allemagne força mon esprit à s'en refaire le type physique et moral avec autant de vivacité peut-être que si je n'avois pas perdu un moment de vue le modèle, de sorte que je crois le connoître aussi bien que ceux qui l'ont peint ; mais comme je ne me sens pas doué de l'aptitude assez rare qu'exige l'*appréhension* d'un personnage complet, je ne m'exposerai point au reproche que m'attireroit ma présomption, si j'essayois de reproduire encore une fois, après tant d'autres, cette forte et naïve figure. Je ne ferai donc que rectifier très-humblement ce que l'on a dit de lui, d'après mes propres sensations et mes intimes souvenirs.

Il est presque convenu entre les Allemands de la génération actuelle qu'André Hofer avoit la taille démesurée d'un demi-dieu. C'est le propre des peuples poètes de figurer ainsi les héros, et l'Allemagne a encore toute la poésie d'un peuple primitif, comme elle en a toute la grandeur. Oh! c'est une sublime nation! — André Hofer étoit grand, mais sans excéder de beaucoup la taille ordinaire des montagnards. Seulement l'extrême développement de ses muscles et de ses os lui donnoit, comme on l'a dit, quelque chose d'athlétique. Toute sa constitution physique étoit prise dans des proportions si fortes qu'elle en pouvoit paroître immense. Il touchoit alors tout au plus à l'âge culminant de la vigueur dans les hommes sobres, chastes et bien organisés, s'il n'avoit en effet qu'une quarantaine d'années; mais il paroissoit plus vieux, et ce n'étoit pas l'effet de cette lassitude que produit la continuité des émotions passionnées et des violentes contentions d'esprit; car il ne s'est peut-être jamais vu de physionomie plus calme et plus reposée que la sienne. On a écrit dans nos dictionnaires historiques et dans nos *Revues* qu'il étoit très-courbé, ce qu'on y attribue à l'habitude des Tyroliens de porter péniblement de lourds fardeaux dans des montées ardues et rapides. André Hofer, dont le père étoit assez riche, et qui avoit augmenté lui-même sa fortune par d'honnêtes industries, ne devoit avoir porté en sa vie qu'autant de fardeaux qu'il lui plaisoit d'en charger sur ses vastes et robustes épaules. *Courbé* est, selon toute apparence, une petite faute de traduction. Il étoit *voûté* à la manière des paysans alpins, et laissoit retomber, ainsi qu'eux, son énorme tête sur la poitrine, sans égard à la noble perpendicularité qui caractérise notre espèce. On a remarqué que ce genre de conformation étoit propre aux races belliqueuses et aux grands hommes de guerre. Alexandre, Charlemagne, Henri IV, le maréchal de Saxe, Napoléon, Pichegru, étoient *voûtés*. Cathelineau, le ménechme moral d'André Hofer, étoit *voûté* comme lui.

André Hofer n'avoit pas non plus, quand je le vis, cette longue barbe dont on le gratifie, et qu'il avoit conservée par défi, pour contrarier au moins en quelque chose la volonté de sa femme, dont l'empire étoit d'ailleurs absolu sur lui, circonstance ingénue et touchante qu'on a eu tort d'oublier dans son histoire. S'il l'a reprise depuis, c'est à l'abri des rochers et au milieu des précipices qui lui servirent quelque temps d'asile, jusqu'au jour où il en fut arraché, en 1810, pour aller mourir à la porte Cesena de Mantoue, une vingtaine de pas au-dessous du bastion.

Ce qui l'a distingué dans la guerre comme dans l'administration, c'est un profond sentiment moral, poussé, au dire des hommes d'état, jusqu'à la puérilité. C'est une philantropie si douce, qu'il n'avoit pas à se reprocher une goutte de sang répandu dans les batailles, où il se portoit toujours le premier. Personne ne lui avoit vu manier une arme offensive. Dans le monde, c'étoit une créature simple, bienveillante, riante, aussi affectueuse que peut l'être un géant qui caresse des nains, un vieillard qui se fait enfant avec les enfants. Pour la multitude, André Hofer n'étoit réellement qu'un bon homme, et il ne seroit encore que cela pour moi s'il n'avoit été André Hofer.

J'arrive à Joseph Solbioski, dont le nom me rappelle, ainsi que je l'ai dit, des sentiments plus personnels, et qu'un mois de rapports affectueux m'avoit presque donné pour frère. Fils d'un des nobles et malheureux guerriers qui tombèrent dans les guerres de la liberté de Pologne, en 1794, sous les drapeaux de Kosciusko, il avoit été adopté, à dix ans, par le docteur Fabricius, et cette alliance, probablement fondée sur quelque sympathie politique entre les pères, suffit pour expliquer la forte direction qui avoit été imprimée à ses études, sous les yeux d'un des hommes les plus éclairés de l'Allemagne. Solbioski s'exprimoit avec une facilité souvent éloquente dans la plupart des langues de l'Europe, et possédoit à un degré rare, même parmi les savants de profession, la doctrine et les nomenclatures des sciences physiques et philosophiques, auxquelles l'analyse et la méthode venoient de faire faire de si grandes conquêtes, dans ce pays d'invention et de perfectionnement qui a seul le droit de croire encore à la marche progressive de l'esprit humain. Il étoit certainement redevable de ces richesses d'instruction à l'heureuse tutelle sous laquelle le hasard l'avoit placé, et il en rapportoit religieusement les résultats à son père d'adoption; car la tendresse de son âme ne cédoit en rien à l'élévation de son esprit. Ce dévouement reconnoissant et pieux contient sans doute le principal secret de sa vie. Son amour pour une des filles du docteur, qui en avoit trois, devoit faire le reste; mais on sait déjà que je n'étois entré que par hasard dans ces confidences. Le temps seul m'a depuis appris que Joseph Solbioski avoit été, dans la campagne de 1808, l'âme des généreuses entreprises d'André Hofer, dont l'intelligence droite et saine, mais peu développée, n'auroit pu suffire à la complication des affaires dans lesquelles l'engageoit sa nouvelle fortune, quand il devint, par la force des événements, le chef militaire et politique, le commandant et le législateur du Tyrol; époque presque unique entre toutes les époques, où un homme du peuple, sans lettres et sans ambition, se trouva dépositaire de l'autorité sans l'avoir voulue, et en usa sans en abuser. On n'ignore pas que l'administration d'André Hofer fut comparée alors à celle de Sancho dans l'île de Barataria, et je doute qu'on puisse en faire un éloge plus magnifique et plus complet; car les peuples ne peuvent avoir de meilleur arbitre que le bon sens d'un homme naturel et moral. La pensée sourit sans doute à quelques-unes de ces lois de circonstance, improvisées par un pauvre aubergiste de village qui a été investi par la guerre, et au milieu d'une ceinture de bataillons ennemis, des droits du suprême pouvoir; mais il se mêle des larmes d'attendrissement à ce sourire; quand on a lu comme nous le texte de ces proclamations paternelles inspirées par un si profond amour de l'humanité. Ce qu'il recommande à ses frères, à ses enfants, traqués dans leurs rochers comme des bêtes fauves, ce qu'il les supplie d'accorder à son amour, car il n'ordonne jamais qu'au nom de l'affection, c'est d'épargner l'effusion du sang étranger hors du cas légitime de leur défense personnelle; et puis, c'est de sanctifier leurs armes par la prière, par les bonnes œuvres et par les bonnes mœurs. Il y en a une, datée d'Inspruck, où il venoit d'entrer vainqueur des Bavarois, à la tête de vingt mille paysans, dans laquelle ce géant de quarante ans, que la nature avoit organisé comme un autre pour les passions, s'adresse à la piété des femmes, les rappelle à la pudeur antique, et les conjure de cacher leur sein et leurs bras, suivant le chaste usage de leurs mères. Cela est fort ridicule peut-être; mais cela seroit sublime dans Plutarque, à la vie de Scipion, d'Aratus ou de Philopœmen.

Je n'ai pas perdu de vue Solbioski dans cette digression, puisqu'il étoit, à l'époque où j'ai remonté, secrétaire d'André Hofer. Il y avoit entre ces deux nobles créatures une sorte d'identité. C'étoit un corps et une âme. Qu'on juge par là de Joseph!... Au premier aspect, son teint frais et pur, son regard plein de douceur, son rire toujours affable, quoique souvent amer et mélancolique, ses cheveux longs, blonds et bouclés, n'annonçoient pas le héros des temps difficiles; et cependant l'effet singulier de ses cils, de ses sourcils et de ses moustaches brunes, lui permettoit d'animer quelquefois sa physionomie d'une manière imposante. Il acquéroit alors cet air de résolution et de fierté qui révèle un grand caractère; mais il auroit fallu plus d'expérience et de perspicacité que je ne me suis jamais piqué d'en avoir pour deviner un conspirateur dans cet ange aux yeux bleus.

Nous ne parlions donc entre nous qu'amitié, amour, poésie, beautés de la nature réveillée, charmes de la campagne printannière, et tout ce qui enchante un cœur jeune, que le malheur n'a pas encore entièrement desséché. Cela ne dura pas long-temps. Les affaires du docteur, qui paroissoient se compliquer tous les jours, le forçoient à s'absenter souvent. L'acquisition d'un vieux château dans le voisinage du Tagliamente le retint éloigné près d'une semaine, et il s'en falloit d'autant que le terme de mon rendez-vous fût échu, quand il arriva pour repartir avec Joseph, car il étoit cette fois accompagné de sa fille, qui descendit avec lui chez un ami. Nos adieux furent tristes, et cependant je cherchois à les prolonger. Il m'en souvient. Joseph et moi nous avions peine à nous quitter, quoiqu'il sourît avec une sorte de malice à l'idée de notre séparation éternelle, et nous marchions encore bien tard, les bras entrelacés, à la lueur des flambeaux qui éclairoient la place et le péristyle du théâtre, parce que c'étoit pour le peuple un jour d'ivresse joyeuse et de bruyante gaieté, ce jour du carnaval qui a conservé longtemps tout son attrait dans les états vénitiens. Je me doutois à peine de ce spectacle, moi, pauvre jeune homme que dix verrous tenoient reclus à Paris pendant ces fêtes éblouissantes des riches et des heureux de la cour impériale, que madame la duchesse d'Abrantès a décrites avec tant de naturel et de grâces; mais il devoit avoir un aspect particulier à Trieste, où il faisoit foisonner sous les colonnades et à travers les illuminations cette partie casanière de la population qui est aussi un spectacle : les Grecs, les Albanois, les Turcs, dans leurs vêtements si variés et si pittoresques; les jolies filles juives qui percent d'œillades si ardentes et si acérées les anneaux coquets de leur noire chevelure; celles d'Istrie qui s'enveloppent presque tout entières dans leurs longs voiles blancs, et le paysan du littoral lui-même, avec ses rubans flottants et sa toilette d'opéra, que la saison permettoit ce jour-là, car la soirée étoit aussi tiède qu'une des plus belles du mois de mai. Je n'ai pas besoin de le dire à ceux qui se souviennent comme moi du carnaval de Trieste en 1809, si quelqu'un s'en souvient. C'étoit une féerie. >

Une femme en domino s'étoit emparée de ma main, et c'étoit une femme, car j'avois touché la sienne. J'oserois dire qu'elle devoit être fort jolie : on sait si bien cela! Joseph, qui s'étoit entretenu un moment avec nous, avoit profité de ce moment de préoccupation pour s'éloigner, et je n'en étois véritablement pas fâché, car le dernier mot de cette dernière entrevue me coûtoit beaucoup à lui dire. La conversation de cette inconnue absorba bientôt d'ailleurs toutes mes pensées. Un mystère incompréhensible l'avoit fait lire dans ma vie. Le *moi* qu'elle connoissoit ne pouvoit être connu que d'elle dans ce pays, où j'étois presque étranger à tout le monde, et mon cœur palpita de plus d'étonnement que de frayeur quand elle me dit *adieu* sous mon nom, qui ne pouvoit être arrivé, même à Venise, que par la correspondance de mes amis les plus secrets. J'étois sûr que Diana ne l'avoit jamais entendu prononcer — à moins que ce ne fût par... — mais Diana étoit plus grande.

Elle s'échappoit; je la retins. La fascination du masque, de la tournure, de la voix, s'étoit augmentée en un moment de tout ce qu'il y a de saisissant et d'extraordinaire dans une apparition, dans un rêve !

— Je vous suivrai partout, m'écriai-je, ou bien je vous retrouverai si vous essayez de me fuir !

Elle s'arrêta.

— Pourquoi pas, dit-elle en riant; mais ce seroit un peu loin, peut-être, et ce ne seroit qu'un seul jour. Êtes-vous décidé à me rejoindre partout où je serai..... le jour de Sainte-Honorine ?

— Attendez, attendez, madame ! le jour de Sainte-Honorine ? Oh ! cela n'est pas possible ! mon honneur y est engagé !

— Adieu donc, reprit-elle en dégageant ses doigts des miens; allez où votre honneur vous appelle !...

— J'irai ! mais ne pourrois-je savoir au moins où je vous reverrois ce jour-là, s'il m'étoit permis de vous y chercher ?

— Où vous me reverriez ?..... je le veux bien. Dans la chapelle placée sous l'invocation de ma sainte patronne, à l'église de Codroïpo, quand le prêtre aura donné la bénédiction de la première messe.

Lorsque je revins à moi, elle s'étoit cachée dans la foule. Ce rendez-vous, c'étoit celui que j'avois reçu de Mario Cinci.

Quelques jours s'écoulèrent en nouvelles et solitaires promenades ; mais, le jour de Sainte Honorine, j'étois déjà depuis long-temps arrêté devant la façade de l'église de Codroïpo, quand les portes s'ouvrirent.

Le soleil se levoit à peine ; la nef étoit encore humide et noire ; quelques lampes qui avoient veillé toute la nuit indiquoient seules la chapelle de la sainte; le sacristain achevoit de l'illuminer.

Je n'étois pas dévot, mais j'étois pieux, et jamais une aventure de galanterie, un caprice de volupté, ne m'auroit distrait dans un temple de la profonde émotion que m'inspire la maison de Dieu, surtout quand elle est vide, et que l'âme s'y trouve recueillie en présence de son créateur et de son maître. J'avois d'ailleurs interprété d'une autre manière qu'on n'est porté à le faire en Italie ce second ajournement. J'étois placé sous l'empire d'une association immense, qui pouvoit compter des femmes au nombre de ses affidés les plus intelligents et les plus actifs, et ressaisir à propos un adepte tiède ou découragé par les illusions les mieux appropriées à son âge et à son caractère. Je dois dire à mon honneur que je n'en avois pas douté un moment.

J'entrai donc dans la chapelle sans y porter d'autre dessein que de prier et d'y offrir au ciel le sacrifice de mon aveugle dévouement pour je ne sais quelle parole qui m'avoit lié par des sentiments généreux à la cause de la vieille foi et des vieilles libertés. Mes yeux eurent bientôt parcouru l'étroite enceinte. J'étois seul; le sacristain étoit sorti, le prêtre n'étoit pas venu, mais le tableau de l'autel resplendissoit déjà de son éclat de fête; c'étoit une heure imposante, un lieu solennel, un beau spectacle pour un chrétien; et toutes les fois que le malheur s'est appesanti sur moi, ou que la solitude m'a rendu à moi-même, je me suis retrouvé aussi sincèrement chrétien que dans les bras de ma mère, quand elle me passoit avec orgueil une longue veste de toile d'argent, à compartiments de verroterie rouge et bleue, pour aller recevoir la première fois le bienfait de l'eucharistie, à la paroisse de Saint-Marcellin. — Cette effusion finie, je regardai le tableau; sainte Honorine condamnée à mourir de faim dans un cachot, pâle, échevelée, palpitante, offrant dans ses traits le mélange de la douleur humaine et d'une divine résignation, mais tendant vers moi des bras suppliants, comme pour implorer un secours. Ses yeux avoient des regards, ses lèvres des mouvements! Qu'elle étoit touchante et sublime!...

Ce qui me frappa davantage cependant, c'est une de ces ressemblances qu'on est si porté à trouver quand on aime, une ressemblance poignante et mortelle dans la situation où elle avoit été saisie, le portrait de Diana! Heureusement cette image merveilleuse n'étoit que le chef-d'œuvre de Pordenone.

J'avois froid; je souffrois de cette émotion, vive comme la réalité. Je me levai; je marchai sans projet dans la chapelle, dans l'église, où les rayons du jour commençoient à percer les vitraux et à tremblotter sur les murailles. Personne ne se mouvoit ni en dedans, ni en dehors. Le seul bruit qui troublât le silence des voûtes, c'étoit celui de mes pas qui retentissoient sur les pavés. Je cherchai à gagner la porte; je m'appuyai en grelottant sur un baptistaire qui est placé à l'entrée. J'écoutai, je crus entendre, j'entendis des gémissements, sans savoir s'ils venoient de la chapelle ou du parvis; mais je crus un instant que c'étoit encore la sainte qui pleuroit d'angoisse et de faim. Impatient de m'affranchir de ce prestige qui troubloit ma raison, je franchis les degrés d'un élan. Les pleurs, les gémissements me poursuivirent dans la rue, déjà entièrement éclairée par le soleil; je me retournai vers le portail, où j'avois été devancé par mon fidèle Puck, qu'un sentiment de compassion plus qu'humain appeloit, caressant et consolant, partout où il entendoit des plaintes. Je vous ai parlé de Puck.

Je vis alors une petite fille de treize à quatorze ans, fraîche et jolie comme une rose, et dont les yeux devoient avoir un charme incomparable, quand ils n'étoient pas noyés par des larmes. Elle étoit assise au haut du grand escalier, près de la porte où je venois de passer, et, le menton appuyé sur sa main, le coude sur son genou, ses cheveux blonds abandonnés à l'air, la pauvre enfant sanglottoit amèrement en regardant un petit éventaire déposé devant elle, et que recouvroit un linge plus blanc que la neige.

— Pauvre Onorina, disoit-elle!...

Au bruit que fit mon chien en s'élançant à son côté, elle changea d'attitude, et la vue arrêtée sur moi elle s'écria subitement :

— Achetez, monsieur, achetez ma belle lazagne! étrennez, étrennez la petite marchande.

Je remontai deux ou trois degrés, et je m'assis un peu au-dessus d'elle.

— Qu'avez-vous donc à pleurer, chère petite, puisque votre corbeille est pleine, et qu'il ne paroît pas qu'il lui soit arrivé d'accident?

— Achetez, monsieur, achetez ma belle lazagne? Il n'y a pas de meilleure lazagne à Venise!

Et elle essuyoit ses yeux du bout de ses jolis doigts, pour paroître plus engageante.

— Je vous demandois, mon enfant, la cause de votre chagrin, et ce qui pourroit le soulager? Répondez-moi avec confiance.

— Oh! du chagrin, monsieur, j'en ai beaucoup! — Achetez, monsieur, achetez ma belle lazagne! — Il faut vous dire que c'est aujourd'hui la fête de sainte Honorine, ma patronne, et que toutes les jeunes filles de Codroïpo, dans leurs plus beaux habits de fêtes, vont accompagner sa châsse à la procession... une châsse superbe; garnie de longs rubans, et chacune d'elles en tient un qui est assorti par sa couleur aux rubans de sa parure. Ah! cela est bien beau à voir. — Achetez, monsieur, achetez ma belle lazagne! — Ensuite il y en a quatre qui portent deux à deux de grands paniers pleins jusqu'au bord de violettes, de primevères, et de toutes les fleurs de la saison, et qui s'arrêtent de loin en loin pour en jeter par poignées sur la châsse de sainte Honorine. — Et ce sont les plus sages, les plus jolies, et celles qu'on regarde le plus. J'étois une des quatre l'année passée, et je n'ai mis que ce jour-là ma belle robe de toile de Perse à bouquets. — Achetez, monsieur; achetez ma bonne lazagne?

— Mais la cérémonie va commencer, Onorina! Et pourquoi ne mettez-vous pas aujourd'hui votre belle robe de toile de Perse à bouquets?

— Pourquoi, monsieur, pourquoi? C'est pour cela que je pleure. Mon père s'est remarié, et ma belle-mère m'a dit ce matin, quand je lui ai demandé ma robe : « Il vous sied » bien, petite effrontée, de vouloir vous parer » comme la châsse de sainte Honorine avant » d'avoir commencé votre journée! On vous » donnera la robe que vous demandez si vous » avez vendu votre lazagne à l'heure de la » procession. » — Achetez, monsieur, achetez ma bonne lazagne.

Et elle recommença de pleurer.

— Calmez-vous, mon enfant, il y a des remèdes à tout, et vous avez encore le temps d'aller prendre votre place de l'année passée auprès d'un de ces grands paniers qui sont pleins jusqu'au bord de violettes, de primevères et de toutes les fleurs de la saison. Je vous jure que vous y serez.

— Ah! vraiment, je n'en aurois pas été en peine, reprit-elle, du temps du seigneur Mario Cinci. Il venoit tous les mois depuis longtemps s'approvisionner à Codroïpo pour sa maison et pour ses pauvres, et depuis deux mois il y venoit jusqu'à deux fois par semaine; il emportoit toute ma lazagne, et ne s'en alloit jamais sans me laisser quelque bague, quelque épingle, quelque petit bijou, et sans me dire, en me frappant doucement la joue : « Sois sage, Nina, sois sage, ma » belle, et tu feras un jour quelque bon ma- » riage, car tu es vraiment aussi gentille que » ta pauvre mère. »

—Eh bien ! chère Onorina, vous avez maintenant deux raisons de vous consoler et de vous réjouir, puisque Mario Cinci va arriver.

—Comment arriveroit-il, s'écria-t-elle, puisqu'il est mort?....

— Mario est mort !

—Vous le connoissez et vous ne le savez pas? Il y a quinze jours, il étoit là où vous êtes, et, contre son ordinaire, il avoit passé la nuit à Codroïpo chez son ami le riche docteur Fabricius, pour faire ses dévotions le matin. Je lui vendis toute ma lazagne. — achetez, monsieur, achetez ma bonne lazagne.

— Elle est achetée. — Continuez, Nina, je vous en prie, et je ne vous retiendrai plus.

Ses yeux s'éclaircirent; ils rayonnèrent. Le contraste que faisoit avec la nature de son récit cette innocente joie de jeune fille, si heureuse de remettre une robe de toile de Perse à bouquets, me serra vivement le cœur. Je déposai un sequin sur son éventaire, et je l'écoutai depuis sans la regarder.

— Vous me donnez beaucoup trop, monsieur, et je ne saurois comment changer.....

— Je vous donne trop peu, Onorina, mais continuez, continuez seulement!....

— La nuit avoit été bien mauvaise; qu'importe! Rien ne pouvoit arrêter le seigneur Mario quand il avoit mis quelque chose dans son esprit. « Il faut que je traverse le torrent » quelque temps qu'il fasse, dit-il au docteur, » j'ai des raisons pour cela; d'ailleurs je re- » viendrai bientôt, et si j'étois retenu, les » renseignements que je vous ai donnés vous » permettent de vous passer de moi. » Hélas! il ne revint pas, et il ne reviendra jamais!

— Et encore, apprenez-moi du moins, Onorina, comment cela est arrivé....

— Je vous dirai, monsieur, ce que j'en ai entendu dire. Tous les jours avoient été très-doux jusqu'à cet orage ; il faisoit si beau dans le carnaval ! les neiges s'étoient fondues aux montagnes ; les rivières s'étoient grossies, de manière que le Tagliamente, augmenté par la pluie de la veille, étoit large et houleux comme un bras de mer. Le batelier ne voulut pas s'exposer à passer ; mais le seigneur Mario se mit à la rame avec son Albanois, je ne sais si vous le connoissez, et ils allèrent long-temps, long-temps, bien loin, bien loin, sans malheur ; mais ils ne furent pas plus tôt arrivés au milieu du courant, où est l'endroit dangereux, que voilà la vague qui monte tout à coup à perte de vue, et qui passe sur le bateau, et le bateau qui disparoît. Le seigneur Mario, qui nageoit comme un poisson, ne s'en inquiétoit guère ; mais l'Albanois, qui étoit un homme vieux de près de quarante ans, se débattoit inutilement contre le flot. Les gens qui regardoient de la rive droite disent que c'étoit une chose terrible ; car le seigneur Mario avoit à peine fendu l'eau de quelques brasses qu'il étoit forcé à retourner pour ressaisir son domestique et pour le ramener avec lui, parce qu'il étoit si bon et si courageux, le brave homme, qu'il auroit hasardé cent fois sa vie pour celle d'un paysan ! — Il y avoit une heure que cela duroit, et toutes les barques s'étoient avancées aussi près que possible du courant sans y entrer pour leur porter du secours. Alors on vit distinctement l'Albanois s'arracher des bras de son maître, et plonger dans le gouffre à dessein de mourir seul. Oh ! le noble Mario étoit bien capable de gagner le rivage s'il l'avoit voulu, mais il plongeoit toujours après l'Abanois qui s'obstinoit à se renoyer toujours en lui criant des choses qu'on n'entendoit pas. Il le ramenoit sur le fleuve, il redescendoit avec lui, remontoit et reparoissoit encore, — et enfin on ne les vit plus ni l'un ni l'autre, et jamais leurs cadavres ne se sont retrouvés. On assure dans le pays que cela avoit été prédit par le prophète de Ravenne, ou par un autre.

Je laissai pendre ma tête sur mes genoux, et je ne parlai pas, je ne pensai pas.

Onorina me tira doucement par le pan de mon habit : — Voilà l'heure de la procession qui sonne. — Achetez, monsieur, achetez ma belle lazagne ; il n'y a pas de meilleure lazagne à Venise !...

— Es-tu encore là, petite, et ne t'ai-je pas payée ? Va mettre ta robe de toile de Perse et tes rubans avant qu'on ait pris ta place.

— Alors, dit-elle, prenez votre lazagne, monseigneur ; car si je reparoissois devant ma belle-mère avec la corbeille et l'argent, elle supposeroit, tant elle est méchante, que j'ai gagné ma journée à quelque œuvre de péché.

Et pendant ce temps-là elle introduisoit dans la longue poche de ma redingote de voyage un sac copieux de lazagne.

— Que veux-tu que je fasse de ta lazagne ? lui dis-je en riant malgré moi, je n'en ai pas besoin.

— Et les pauvres, répondit-elle, et les affamés ?... Madame sainte Honorine mourut à défaut d'un sac de lazagne !

Cette idée me frappa : le tableau du Pordenone se représenta devant mes yeux comme je venois de le voir. J'éprouvai un invincible desir de le revoir encore : je me levai. Onorina n'y étoit plus.

La première messe étoit assez avancée; je m'agenouillai au fond de la chapelle. Après quelques instants de recueillement, je promenai mes yeux sur les fidèles : une poignée de pauvres gens du peuple qui venoient là implorer l'intercession de la sainte et les grâces de Dieu, avant de reprendre leurs labeurs quotidiens; dignes et pieuses familles de l'indigent qui travaille, qui croit, qui prie et qui aime, et auquel le royaume des cieux est assuré, selon mon cœur comme selon l'évangile. Une seule femme, qui se confondoit avec la foule par sa ferveur et son humilité, s'en distinguoit par une sorte d'élégance d'ajustement, une cape de soie noire à petites dentelles d'argent. Elle passa devant moi quand l'office fut fini, en soulevant négligemment un coin de son voile, et s'arrêta vers la porte après avoir laissé tomber dans chaque tronc une aumône qu'elle cachoit de la main.

—Honorine? dis-je à basse voix en m'approchant d'elle pour l'accompagner, comme l'autorise la politesse italienne.

Honorine Fabricius, répondit-elle gaiement quand nous fûmes arrivés au parvis;

et pour mieux me recommander au tendre et touchant intérêt que vous portez à toutes les dames, la fiancée de votre ami Joseph Solbioski. Je vous laisse à deviner les occupations qui le retiennent ce matin aux environs de Codroïpo; mais il vous attend demain matin aux bateaux du Tagliamente, une heure avant le jour, et ce signe singulier qu'il m'a chargé de vous remettre ne vous permettra aucun doute, suivant lui, sur l'autorité de ma mission. Promettez donc, et ne me suivez pas!

Le signe, c'étoit le fragment de la bûchette mystique que Mario avoit rompue à la *vendita;* il étoit lié, comme la lettre de Diana, d'un petit ruban cramoisi, à la livrée de sa gondole.

Je protestai de mon exactitude par une inclination respectueuse, et Honorine disparut sans peine au milieu de la multitude qui couvroit l'escalier et qui encombroit les rues; car la procession arrivoit avec toutes ses magnificences pour venir prendre la châsse. Je cherchai autour des paniers de fleurs la petite Onorina. Elle y étoit déjà, et superbement vêtue de sa belle robe de toile de Perse à bouquets, et si préoccupée, l'heureuse fille, de sa parure et de sa beauté, que je ne fus pas étonné du tout qu'elle ne prît pas garde à moi; elle avoit bien d'autres pensées!....

Je n'étois pas encore arrivé, la nuit suivante, à l'endroit du rendez-vous, que je m'entendis nommer dans l'obscurité par une voix connue. Je m'arrêtai aussitôt et j'embrassai Solbioski.

—Tu ne verras personne ce matin de la famille du docteur, me dit-il; elle est partie hier pour Saint-Veit, sur la rive où nous allons aborder, et M. Fabricius doit seul nous rejoindre demain au château de notre malheureux ami Mario, dont tu ne peux ignorer la destinée. Il a cru devoir faire l'acquisition de ces ruines dont le séjour seroit, dit-on, trop sévère pour des femmes. N'impute donc pas notre séparation à quelques insultantes précautions de la jalousie, quoique tu m'aies donné lieu d'en concevoir un peu. Dans peu de jours, mon Honorine recevra de toi un baiser de frère, et la mobilité de ton cœur me promet que tu oublieras facilement un amour contracté sous le masque.

J'allois me justifier. Il m'embrassa de nouveau en riant. — Ecoute des explications plus essentielles, reprit-il, et commence par me pardonner de ne t'avoir pas ouvert toute mon âme dans nos entretiens. Livré par le malheur de ma destinée à ces idées qui ont failli perdre irréparablement la tienne, je te voyois avec plaisir t'en distraire et t'en éloigner pour des études pleines de charme auxquelles tu es appelé par tous les souvenirs de ton éducation et par tous les penchants de ton caractère. Mon père apprit cependant de Mario que tu lui appartenois par un serment; il l'apprit dans une occasion solennelle. C'étoit la veille du tragique accident qui a ravi à la liberté son épée d'Italie. Ce dernier malheur nous auroit détournés plus que jamais de t'entraîner avec nous dans nos travaux et dans nos dangers, si quelques mots échappés à Mario ne nous portoient à croire que la *Torre Maladetta* cache quelques secrets qui ne sont connus que de toi. Les signaux qu'il t'envoyoit, ce bâton rompu, ce ruban, ces couleurs, tout cela est un mystère qui nous reste célé si tu ne nous le découvres, et qui compromettroit peut-être la vie d'une multitude de nos frères, si les recherches auxquelles nous allons nous livrer n'étoient éclairées que par le hasard. C'est ce qui a décidé M. Fabricius à prendre possession du vieux castel des Cinci, où tu ne resteras d'ailleurs qu'autant qu'il le faut pour nous diriger, dans le cas où tu ne répugnerois pas à m'y suivre.

—Te suivre en enfer, s'il le faut, répondis-je ; mais ce mystère est impénétrable à ma pensée comme à la tienne. Mario l'a emporté dans le torrent. Il ne me reste, comme à toi, qu'à le deviner. — Auparavant je te dirai tout ce que je sais.

Et je lui dis tout ce que je savois.

—J'ai entendu parler de cet événement, dit Solbioski après un moment de réflexion. Une femme enlevée ! On n'a jamais enlevé femme à Venise, depuis dix ans, qu'on ne soit venu la chercher à la *Torre Maladetta*, mais toujours sans succès. Mario devoit ce tribut à sa réputation romanesque, et, je pense, un peu fantastique. On y a cherché Diana, qui n'y étoit point, et on a profité de cette occasion pour visiter les recoins les plus cachés d'une retraite si justement suspecte à nos ennemis. Il n'y a pas deux opinions aujourd'hui sur cette déplorable histoire. La commémoration même des couleurs de Diana dans le dernier message de Mario ne prouve rien. Ce n'étoit qu'un appel de plus à ton souvenir. Mademoiselle de Marsan périt en effet le jour de son départ de Venise, après avoir écrit le billet que tu en as reçu à Trieste, et je suis persuadé que son père en avoit acquis de tristes preuves, puisqu'il lui a survécu si peu de jours.

—Son père aussi, m'écriai-je! le père de Diana aussi! M. de Marsan seroit mort!...

—Eh bien! que fais-tu donc? reprit Solbioski en passant son bras autour de mon corps. Tout doit mourir autour de nous, et avant nous les vieillards, si nous ne dérobons au temps une généreuse mort. Retourne à Codroïpo, mon frère, ou viens avec moi à la *Torre Maladetta*, et crois que nous serons bien malheureux s'il lui reste ce soir un secret pour nous. Il en est peut-être quelques-uns qui intéressent le sort de nos amis et celui du genre humain.

Je lui répondis en m'élançant sur le bateau; car nous étions parvenus, en causant, jusqu'à la grève roulante et penchée que l'aube blanchissoit déjà.

— Bon courage ! cria le batelier. La passe sera forte ce soir, et monseigneur Mario ne seroit pas mort s'il s'y étoit pris comme ces nobles seigneurs avant l'heure où le soleil échauffe et fond les glaçons. Ah ! que c'est une saison dangereuse pour le pauvre voyageur ! Mais il s'en soucioit bien, lui qui se seroit colleté avec le démon, si le démon avoit osé se trouver en face de lui sur la terre ! Aussi le démon n'avoit garde. Il l'attendoit au piége où il l'a pris, pour le malheur des pauvres gens de la contrée. — Voyez, voyez, comme le courant donne déjà ! Ces gros bouillons sont d'un mauvais présage à la soirée. En avant, batelier, en avant !.

Et il chanta. Les vagues commençoient en effet à se rouler autour de la rame en flocons écumants. Les nuages se débrouilloient de plus en plus, et quand nous fûmes sortis du courant pour rentrer dans les eaux mortes, le soleil luisoit déjà gaiement à leur surface, en les marbrant devant nous de larges lozanges d'un vert foncé, encadrés de filets tremblants d'un jaune d'or. Quelques oiseaux de mer, qui remontent jusque-là au temps des grandes eaux, les rasoient de leurs ailes, et le lieu du débarquement se déployoit triste, sévère, profond, sous la lumière horizontale qui gagnoit graduellement le rivage. Solbioski, accablé de veilles, s'étoit assoupi contre moi, et j'étois seul à jouir de ce spctacle, quand un nouvel incident le changea. La barque tourna subitement sa proue sur un point que je n'avois pas encore remarqué. L'horizon y étoit fermé par un roc immense en forme de cube, que surmontoit un donjon très-élevé, mais dont le sommet ruineux s'inclinoit comme la tête d'un géant blessé à mort. Les vastes murailles qui l'avoient appuyé autrefois, dégradées par le temps, par la foudre et par le canon, ne se soudoient plus que par quelques pierres à ses épaules inégales, et s'étendoient de part et d'autre comme des bras fatigués qui alloient reposer leurs larges mains sur les angles de la montagne. Ce qui me frappa le plus, c'est qu'un balcon arrondi, seul vestige de sa plate-forme qui fût resté suspendu sur l'abîme, paroissoit avoir été adapté à ce séjour de terreur dans des années de paix et de joie. J'en étois assez près alors pour distinguer tous ces détails, et pour comprendre que ces bâtiments et leur base devoient s'isoler du monde entier, à toutes les crues du Tagliamente. Nous débarquions alors, et nous n'avions pas plus de vingt toises à parcourir avant de gagner les degrés taillés dans le roc, qui conduisoient au château. Le batelier reprit brusquement le large, après nous avoir quittés.

Le sol se composoit d'énormes galets roulés, ovales ou ronds, qui noircissent là depuis des siècles sous l'action alternative de l'air et des eaux, mais dont un grand nombre sont relevés de taches hideuses par des lichens couleur de sang. Le pied a peine à s'y affermir, car il n'y a point de route tracée, et la crainte des invasions quelquefois subites du Tagliamente dans ce long défilé entre la rivière et la montagne en éloigne moins les paysans riverains que d'anciennes et formidables superstitions. Le domestique de Solbioski, chargé de notre mince bagage, ne s'y engageoit qu'avec une sorte de terreur. Puck ne m'y précédoit pas à son ordinaire. Il m'y suivoit en hurlant.

Le silence de Solbioski me fit penser qu'il n'étoit pas tout-à-fait dégagé de ce sommeil du matin qui venoit de le ressaisir, à la suite, sans doute, de bien des jours de fatigues et d'émotions.

— Où allons-nous, mon ami, dis-je en le prenant par le bras pour assurer mutuellement notre marche?

— Me le demandes-tu ? dit-il en tournant sur moi un regard abattu, car il n'avoit pas tardé à partager mon impression. Nous allons à la *Torre Maladetta;* et la *Torre Maladetta,* la voilà !

LA
TORRE MALADETTA,
OU LA FAMINE.

LA TORRE MALADETTA,

OU LA FAMINE.

TROISIÈME ÉPISODE.

Depuis l'acquisition que le docteur avoit faite de la *Torre Maladetta*, elle étoit occupée par un de ses régisseurs que j'avois vu à Trieste, homme petit de taille et de capacité, fort claudicant de la jambe droite et du jugement, singulièrement exagéré en'doctrines politiques—c'est le propre des sots—, extraordinairement méticuleux en exécution, mais plus retors dans les affaires d'intérêt qu'on n'auroit pu l'attendre de son intelligence. Je n'aurai guère d'occasion d'en parler, et il suffira de savoir qu'il s'appeloit Bartolotti.

A notre arrivée, M. Bartolotti n'étoit point au château. La peur l'en avoit délogé depuis trois jours.

— La peur, signora Barbarina, dit Solbioski à la vieille et inamovible concierge, en apprenant cette nouvelle de sa bouche, la peur, dites-vous! Et quelle peur peut-on éprouver à la *Torre Maladetta,* si ce n'est celle d'être un jour écrasé dans sa chute? Mais elle dure depuis si long-temps, menaçant de tomber toujours, et tant de générations sont couchées à ses pieds, qu'il faut espérer qu'elle restera debout au moins aussi long-temps que nous.

— Ce n'est pas tout-à-fait cela, répondit la vieille après nous avoir fait asseoir dans le vaste parloir du rez-de-chaussée : il y a bien d'autres choses à dire sur cette noble habitation à laquelle je suis accoutumée depuis l'enfance; car mes pères ont toujours vécu ici, et le premier y étoit venu de Rome avec le premier Cinci. Maintenant m'y voilà restée seule, décrépite et penchée comme la tour, et sans laisser personne qui prenne le soin de jeter un pauvre drap de mort sur mes os ! Le Tagliamente nous recouvrira, la tour et moi, et tout sera fini. Que le ciel fasse paix à ceux qui ont, comme nous, une bonne conscience! Mais je ne me rappelle plus ce que je vous disois tout à l'heure? Ah! j'ai vu bien des événements dans la *Torre Maladetta*, si ce n'est de ces derniers temps, que je suis devenue infirme et cassée, et qu'il me reste à peine la force de marcher du parloir à la porte, et de revenir de la porte au parloir, tant je suis accablée d'âge et d'ennuis. Depuis quelques années, je n'étois plus rien au château; l'Albanois de monseigneur entroit toujours le premier, me prenoit brutalement les clefs, car il étoit impérieux et téméraire comme son maître, et me soutenant de la main pour hâter ma marche, il me renfermoit ici à double tour, en me criant de sa grosse voix : — Bonne nuit, Barbarina! les femmes de votre âge ne sont plus bonnes qu'à dormir!—Je vous demande, messeigneurs, si c'est ainsi qu'on traite une vieille domestique, née de pur sang romain, qui nous a veillé au berceau, et qui nous a porté si souvent dans ses bras jusque sur les créneaux pour voir les étoiles de plus près. C'étoit l'idée qui tourmentoit le sommeil de monseigneur quand il étoit petit, et sa mère, la pauvre signora, déjà bien malade au lit, me crioit : Que faites-vous donc, Barbarina, que vous ne portez pas Mario sur les créneaux pour voir les étoiles? Voulez-vous le laisser mourir de sa crampe et de sa colère? Alors je l'enveloppois de son drap, et je le recouvrois de ma cape ou du manteau de son père, et je montois, je montois jusqu'au donjon; mais il y a plus de vingt ans qu'on n'y monte plus. Et c'étoit un contentement quand il voyoit les étoiles! Il ne parloit pas encore, mais il avoit des cris pour les nommer toutes. Hélas! ce n'est pas de la terre qu'il les voit aujourd'hui, mon malheureux enfant!

— Voilà qui est bien, Barbarina; mais ceci s'éloigne un peu de notre sujet. Nous jugions d'abord, par le commencement de votre récit, que vous aviez eu à vous plaindre des procédés de Mario.

— Me plaindre de monseigneur Mario ! O mon Dieu ! ai-je dit cela ? Ce n'est pas sa faute s'il étoit devenu triste et sauvage ! Mais il ne me disoit plus ses chagrins comme du temps qu'il étoit tout jeune. Il n'avoit de confiance que dans son Albanois. Quand je lui en faisois reproche, il s'arrêtoit devant moi et croisoit les bras en riant, et cela me faisoit plaisir de le voir rire. « Brava, brava, Barbarina ! Je
» n'agirai plus sans vous consulter: mais c'est
» à condition que vous ne vous laisserez man-
» quer de rien, que vous vivrez ici comme
» une châtelaine, et que vous vous coucherez
» de bonne heure. Quant à vous enfermer
» chez vous, c'est une précaution qui regarde
» votre sûreté et la mienne. » Et là-dessus il me baisoit sur le front en riant encore, et il me prenoit sous les deux bras pour m'asseoir dans mon fauteuil.

— Arrivons donc, Barbarina, au sujet de la peur de M. Bartolotti !...

— Eh bien! répondit Barbarina, ne croyez-vous pas qu'il y ait de quoi, quand on n'en a pas l'habitude? Vraiment, pour moi, je n'y prends plus garde! Mais ces bruits sourds qu'on entend sous les voûtes, comme si on vouloit les renverser; mais ces cris plaintifs qui partent de tous les côtés des ruines, tantôt ici, tantôt là; mais ces deux dames noires qui déploient, en signe de désolation, des écharpes rouges et blanches sur le balcon de l'ancienne plate-forme, avec des gémissements à fendre le cœur! — Vous n'êtes pas sans savoir, messieurs, le nom de la signora Lucrezia et de la signora Beatrice Cinci?

— Oui, oui; nous connoissons cette histoire; mais elles sont mortes depuis plus de deux siècles.

— Mortes en effet, et c'est pour cela qu'elles reviennent où ne pourroient venir des vivants; car aucun être vivant ne parviendroit maintenant, ni du dedans ni du dehors, au balcon de la plate-forme, s'il n'avoit les ailes d'un oiseau. Je les avois bien entendues deux fois déjà dans ma trop longue vie, quand Felippino Cinci, le grand-père de

Mario, fut tué à coups de stylet sur la place Saint-Marc, et puis quand son père André eut la tête coupée par arrêt de justice, en face de l'arsenal ; mais jamais leurs gémissements n'avoient été plus douloureux, à ce qu'on assure, que depuis la mort de mon très-digne seigneur, le noble Mario, et cela est bien naturel, puisqu'il est le dernier de leur race. Enfin, Dieu soit loué d'avoir épuisé sa colère ! Ces pauvres âmes n'auront plus rien à pleurer !

— Il suffit, dis-je à Barbarina ; nous savons, ma chère dame, tout ce que nous voulions savoir. Un de ces enfants qui nous ont guidés ira chercher M. Bartolotti au village voisin, où il s'est réfugié. Ton domestique, ajoutai-je en me retournant vers Solbioski, prendra soin de nous préparer des lits, s'il est possible, dans la chambre que cette bonne femme lui indiquera, et de s'assurer aux environs de provisions suffisantes avant l'invasion totale du Tagliamente. Nous enfin, nous profiterons du jour, si tu m'en crois, pour tout parcourir et pour tout voir. Ou je me trompe étrangement, ou ceci en vaut la peine.

La distribution de l'intérieur ne nous offrit rien qui méritât d'être remarqué. De vieilles parois, de vieilles boiseries, des meubles caducs, des tapisseries en lambeaux, tout l'aspect délabré d'une vieille maison qui s'écroule faute de soins ou d'argent; pas un endroit où cacher un crime ou une bonne action! Puck, qui furetoit avec plus d'habileté que moi, se coucha en bâillant.

Quand cette perquisition inutile fut terminée, nous redescendîmes sur le rocher.

— Maintenant, fais le tour de cette enceinte, dis-je à Solbioski, pour reconnoître les points les plus accessibles, car c'est de l'extérieur que doivent venir les auteurs mystérieux de ces épouvantes, si elles sont fondées sur quelque chose de réel. Pendant ce temps-là, je visiterai soigneusement ces murailles, et je saurai s'il y a effectivement moyen d'y pénétrer.

Leur approche étoit fort difficile à la base, à cause des nombreuses dégradations qu'elles avoient souffertes, et des énormes amas de décombres qui s'y étoient accumulés; mais à l'endroit où leur déclivité ruineuse, augmentée de siècle en siècle, faisoit pendre les deux pans latéraux vers le sol, on les gravissoit presque aussi aisément qu'une échelle inégale et hasardeuse prolongée entre deux abîmes. C'étoit un jeu pour mes habitudes de naturaliste, mon pied de montagnard, et mes yeux exercés à sonder les précipices les plus effrayants sans crainte de vertige. Ainsi, je m'engageai dans cette route extraordinaire sans regarder derrière moi, et sans prendre garde au croulement, jusqu'au lieu d'où s'élevoit le donjon, sur un entablement plus commode et mieux conservé que le reste. Je n'avois pas oublié que cette partie de la tour penchoit beaucoup à la vue depuis le Tagliamente, et je profitai de cette inclinaison pour en atteindre le sommet, en introduisant successivement mes mains et mes pieds dans tous les endroits où la chute d'une pierre avoit laissé un espace vide. Je fus bientôt debout sur le front chancelant de ce colosse que j'avois mesuré avec effroi le matin.

Le spectacle qu'on embrassoit de cette hauteur étoit si large et si profond que, malgré toute mon assurance, je sentis ma tête prête à tourner. Je m'étois trouvé souvent sur des sommets plus élevés, mais solides au pied, et tout au plus perpendiculaires au regard. Celui-ci trembloit presque sous mon poids, et il surplomboit d'une manière horrible la vallée du Tagliamente. Je m'assis sur un tas de pierres formé des débris du parapet, que le temps y avoit amassés confusément, et je détournai les épais moellons un à un, dans l'intention d'affermir mes pas sur une surface plus unie. Quand j'en eus relevé un assez grand nombre à mes côtés, j'essayai de marcher pour découvrir de là dans tout son ensemble immense le tableau qui se développoit devant moi. J'entendis résonner sous le fer de mes bottes une sorte de bruit métallique, et je me baissai avec empressement, afin de savoir d'où il pouvoit provenir. J'écartai de la main quelques pierres qui m'embarrassoient encore : c'étoit une trappe. Je me rassis pour continuer à déblayer et pour dégager entièrement cette trappe dont je voyois déjà deux côtés. Il me sembloit important de m'assurer si elle étoit retenue à l'intérieur, ou seulement arrêtée par sa propre pesanteur dans l'encadrement de dalles où l'ouverture qu'elle fermoit avoit été ménagée. Je comprenois cependant que l'inclinaison progressive de la tour, en la surchargeant d'un fardeau énorme sur le côté même où ses charnières devoient se fixer, en avoit probablement rendu le jeu impossible ou très-difficile, et le long temps depuis lequel son simple mécanisme étoit resté sans exercice, au moins selon toutes les apparences, avoit nécessairement contribué aussi à la souder dans son champ. Je l'eus bientôt tout-à-fait découverte, mais je ne portois d'autre outil que le ciseau et le marteau du minéralogiste, qui ne quittoient jamais ma ceinture. J'introduisis mon ciseau dans la fente que je jugeai opposée aux ferrures, et je produisis sans trop d'efforts, à ma grande satisfaction, un déplacement de quelques lignes. Il n'en falloit pas davantage pour me convaincre que la trappe n'étoit fixée en dedans ni par gonds ni par verrous, et que ce moyen de nous introduire dans la tour seroit infaillible, s'il pouvoit jamais nous devenir nécessaire. Ensuite, je redescendis lentement, en assurant mes pieds avec précaution sur chacun des degrés accidentels de cette ruine, pour contempler d'espace en espace les modifications que le moindre changement apportoit au tableau général, à mesure que je tournois le front du donjon; suivant quelquefois du regard le long ruban du Tagliamente, qui bouillonnoit toujours, bleu, moiré de vagues blanches, rapide et sonore, mais encore éloigné des bases du rocher; tantôt le reposant sur la tour brune, solitaire et carrée de Saint-Veit, sœur plébéienne de la noble tour de Saint-Marc; tantôt l'égarant au loin sur les lagunes aux canaux d'un vert mat et vitreux, comme ceux dont les bimblotiers ornent les paysages en relief qu'on donne aux enfants, à travers d'innombrables îlots tout rougissants de bourgeons printaniers.

Mon absence fut assez longue pour donner des inquiétudes, car Solbioski étoit revenu sur ses pas de son voyage circulaire, en s'arrêtant à l'endroit où il lui devenoit impossible de le continuer, et M. Bartolotti rentroit au château. Puck, qui avoit retrouvé ma trace, gémissoit lamentablement sur la dernière pierre des murailles inférieures, et regardoit la tour en pleurant.

J'arrivai. J'échangeai rapidement quelques détails avec Solbioski. La découverte de la trappe du donjon le préoccupa sérieusement. Nous convînmes d'envoyer son domestique en observation sur le seul point pénétrable qu'il eût remarqué, pour nous mettre à l'abri d'une incursion inattendue, et nous nous rendîmes dans la salle commune au banquet fort modeste que nous avions fait préparer. La nuit commençoit à tomber, mais la lune étoit superbe.

M. Bartolotti paroissoit si inquiet, si gêné, si péniblement attentif sur la chaise-longue où nous l'avions placé par honneur, que le commencement du repas se ressentit malgré nous de sa tristesse. Au bout de quelque temps cependant, nous nous regardâmes Solbioski et moi, comme pour nous demander si nous sympathisions aux dispositions mélancoliques de son esprit, et nous partîmes d'un éclat de rire. Cette boutade nous détourna des idées noires qu'inspiroit assez naturellement ce triste séjour, et auxquelles sembloit se conformer l'appareil d'une salle incommensurable où nos trois lits étoient disposés de distance en distance comme des couches funèbres, imparfaitement éclairées par les deux minces flambeaux de la table où nous étions assis. Toutefois, notre conversation retomba d'elle-même, comme c'est l'usage, sur les idées que nous avions le plus à cœur d'éviter, mais en se soutenant sur ce ton badin qui est la bravoure des esprits forts.

Solbioski se leva enfin, et me tendant son verre avec solennité pour le choquer contre le mien : « Je bois, dit-il, à l'éternel repos de » la famille des Cinci, et de tous les morts » qui ont jamais habité ces redoutables mu- » railles ! Que le ciel s'ouvre un jour à leurs » mânes tragiques, et qu'en attendant la terre » des tombeaux leur soit légère ! »

J'allois répondre à sa provocation, car c'étoit le moment de nous coucher, et les fatigues de la journée nous en faisoient sentir le besoin, quand un choc violent ébranla les voûtes sous nos pieds. Nous restâmes un instant sans parler.

—Ce n'est rien, reprit Solbioski; le Tagliamente monte sans doute et vient frapper les fondements de la tour par une voie souterraine qu'il s'est faite.

— Cela est probable, répondis-je en me dirigeant du côté de la fenêtre;—mais il étoit visible que le Tagliamente n'avoit pas pris le moindre accroissement. Je le vis blanchir à la même distance qu'auparavant contre les mêmes rochers.

Pendant ce temps-là le même bruit s'étoit renouvelé plusieurs fois, suivi de gémissements semblables à la plainte d'un agonisant. Puck en arrêt, l'œil en feu, les oreilles dressées, l'accompagnoit à chaque reprise d'aboiements douloureux. M. Bartolotti, pâle comme un spectre, se choquoit les dents d'épouvante.

— Il y a certainement ici, et non loin de nous, repris-je alors, quelque chose d'extraordinaire qu'il nous importe de connoître. Cette pièce est de toutes parts enceinte par les murailles, mais sur quoi repose-t-elle ? Si je ne me trompe, le bruit vient d'en bas.

Au même instant je soulevai le vieux tapis qui couvroit le sol, et je ne découvris sur les quatre coins qu'un enduit de pouzzolane fermement cimenté, dont j'eus peine à faire voler quelques éclats en le frappant de mon ciseau à coups de marteau redoublés. Je le pénétrai enfin dans toute son épaisseur, et je ne m'arrêtai qu'au roc nu.

— Le rocher, m'écriai-je, le rocher! Plus rien que le rocher! Oh! ce mystère est horrible!

Solbioski se rapprocha de moi, me saisit fortement les bras et m'entraîna dans l'embrasure de la croisée.

— Ce mystère, dit-il, l'humanité nous fait un devoir de l'approfondir; mais nous n'en trouverons l'explication que dans la tour. J'ai remarqué ici tout ce qui peut nous être utile pour tirer parti de la découverte que tu as faite ce matin, et je t'attends à minuit pour cette expédition, au pied des ruines par lesquelles tu es parvenu au donjon. Songe seulement que nous ne pourrions mettre cet homme foible dans le secret de notre entreprise sans achever de le briser de terreur, et qu'il conviendroit mieux de le rassurer par une insouciance affectée!

— Nous sommes bien fous, continua-t-il

en venant se remettre à table, de nous laisser émouvoir par de fausses apparences qui s'éclaircissent assez d'elles-mêmes. Le docteur Fabricius, qui fréquente depuis long-temps ce château, et qui en connoît les détours les plus cachés, a jugé à propos d'exercer notre résolution par une épreuve d'un genre nouveau, comme c'est l'usage dans le *Tungend-Bund*, parce qu'il nous réserve probablement pour cette nuit les honneurs de la haute initiation à laquelle aucun de nous trois n'est encore parvenu, si M. Bartolotti n'est toutefois de la confidence, et je serois assez porté à le croire un des acteurs essentiels de cette scène, au talent parfait avec lequel il vient de jouer les émotions de la peur, si difficiles à contrefaire pour un brave tel que lui. Heureusement des cœurs comme les nôtres ne se laissent pas vaincre à des prestiges de roman, et nous portons défi de ce verre de Sebenico, préparé pour un toast, à tous les périls qui peuvent alarmer une âme d'homme.

Bartolotti flatté, et fier d'être flatté, comme le sont ordinairement les gens de peu de cœur et de peu d'esprit, avoit repris en effet assez d'assurance pour présenter son verre sans trembler au flacon de Solbioski, et pour le laisser arroser d'un rouge-bord horizontal dont il ne tomba pas une goutte.

J'avouerai que l'hypothèse rencontrée si à propos par Solbioski n'étoit pas dépourvue pour moi de toute vraisemblance, et qu'elle me faisoit comprendre assez distinctement l'absence extraordinaire du docteur, au moment où la crue du Tagliamente pouvoit rendre la *Torre Maladetta* inaccessible pendant plusieurs jours. Nous arrivâmes donc à rivaliser de bravades, comme si tous les synodes et toutes les *vendite* de l'Allemagne et de l'Italie nous avoient entendus, au point de couvrir tous les bruits qui se seroient élevés sous nos pieds, et nous nous jetâmes au lit plus ou moins tranquilles; mais avec cette différence que Solbioski et moi, qui ne destinions pas cette nuit au sommeil, nous ne quittâmes point nos vêtements.

Quand le silence se fut rétabli, j'écoutai plus attentivement que je n'avois encore fait. Le choc retentissant avoit cessé de se faire entendre; mais je saisissois de temps à autre une plainte lamentable comme le glas d'une cloche éloignée, et Puck à demi endormi traînoit sur ce murmure le murmure douloureux d'un chien qui rêve.

Solbioski sortit enfin le premier, ainsi que nous en étions convenus, pour se munir du levier et des autres instruments qu'il jugeoit nécessaires à notre investigation nocturne. Peu de temps après, je me glissai au-dehors en retirant doucement la porte sur moi, pour que Puck ne se hasardât pas à me suivre dans une route interdite à son courage et à sa fidélité. Je gagnai la pente des murailles et je n'attendis qu'un moment. Joseph me rejoignit avec tout l'équipage nécessaire à de pareilles aventures, contenu dans un sac de chasseur. Nos ceintures étoient garnies chacune de deux pistolets et la mienne d'un bon poignard, outre le ciseau et le marteau accoutumés. Je marchois devant, la lanterne sourde au poing. Joseph moins aguerri à de tels chemins s'appuyoit derrière moi sur la forte barre de fer qui devoit nous servir à soulever la trappe. L'accès du donjon qui étoit, en apparence, la partie la plus périlleuse de notre voyage, offroit cependant peu de difficultés sous la lumière pleine et pure de cette nuit resplendissante.

Après quelques efforts, notre marche enhardie par les premiers obstacles se ralentit un peu. J'entendois moins distinctement les pas de Joseph à la suite des miens. Je me retournai et je vis qu'il reprenoit haleine. J'ai dit que nous étions déjà fatigués par les courses du matin. Je l'encourageai de la voix : il monta; mais je m'arrêtai bientôt à mon tour. Nous ne gagnions pas trois ou quatre toises sur la hauteur que l'espace ne s'approfondît en apparence à droite et à gauche dans une proportion qui n'avoit plus de rapport avec nos progrès réels. Je n'étois pas accoutumé au vague de ces clartés de la nuit qui dérangent tous les calculs de la vue en changeant la forme, la couleur et la distance des objets de comparaison. Les fossés n'avoient plus de fond et la tour dressée sur nos têtes n'avoit plus de sommet. Les moindres renfoncements étoient redoutables à voir, les moindres inégalités périlleuses, et les débris que nous laissions çà et là derrière nous avoient l'air de se dresser à notre poursuite comme des têtes menaçantes. A mesure que l'horizon devenoit plus large et plus clair, le penchant que nous gravissions sembloit devenir plus sombre et plus étroit; la région inférieure que nous venions de quitter, inondée du jour lunaire, paroissoit infinie et vide comme le ciel; et la voix furieuse du Tagliamente, toujours croissant, qui mordoit ses rivages en criant, parvenoit seule à nos oreilles de tous les bruits de la terre. C'étoit affreux comme une vision.

Nous fûmes heureux, je l'avouerai, de nous asseoir sur le petit ressaut du donjon, quoiqu'il n'eût pas plus de saillie qu'il n'en falloit pour nous appuyer commodément contre la tour, à cent cinquante pieds au-dessus du sol. Il étoit temps; la dernière pierre sur laquelle Joseph eût appuyé son pied s'ébranla, roula, en entraîna cent autres dans sa chute. Elles arrivèrent en bas avec un fracas de tonnerre.

— Voilà notre chemin détruit, me dit-il en se pressant soudainement contre moi.

— Le voilà renouvelé, repris-je, et beaucoup plus aisé à parcourir au retour. Tu sais mieux que moi, mon frère, que toutes les constructions coniques ou pyramidales qui s'éboulent sous l'action du temps ou les efforts de l'homme, ne font qu'étendre leur pente et qu'élargir leur base. Ce sont des accidents pareils qui nous ont permis de monter jusqu'ici.

—Tu as raison, répondit Solbioski, mais la tour, cette horrible tour, comprends-tu un moyen de t'y élever?

J'étois à vingt pieds au-dessus de lui avant de lui avoir répondu, et il me suivoit alternativement, de vide en vide ou de degré en degré, selon que la tour présentoit des intervalles ou des reliefs à la clarté de ma lanterne tournée sur la muraille, en glissant ses mains dans tous les endroits que mes pieds abandonnoient, ou en les appuyant sur toutes les saillies où ils s'étoient reposés. Parvenu près du sommet, je le débarrassai de son levier et du reste de ses ferrements, et je les jetai dans l'intérieur du donjon, où il arriva presque aussitôt que moi, quoiqu'il ne se fût pas exercé comme moi le matin aux difficultés de cette ascension extravagante.

La retraite n'étoit peut-être pas aisée, mais nous n'y pensâmes guère. Nous étions au-dessus de la *Torre Maladetta*, et nous nous embrassâmes en riant sur ce donjon, où il est permis de croire que personne n'avoit jamais ri. Nous nous trouvions si bien au milieu de cet air élastique et frais qui jouoit dans nos cheveux! Il faisoit si beau! la nuit étoit si douce! le serein si suave et si caressant! et lui, mon Joseph, il ouvroit son cœur à un si bel avenir! Ce fut une courte mais délicieuse causerie entre la terre et le firmament, comme celle de deux enfants du ciel, j'osai le penser, qui se seroient posés en volant sur la *Torre Maladetta*.

— Pardonne, dit-il, si je t'ai affligé de ma joie; Honorine est là, continua-t-il en me montrant Saint-Veit, dont la tour se dessinoit à l'horizon sous nos pieds, comme une frêle colonne de basalte noire, et j'oubliois que si Diana étoit restée au nombre des vivants, elle ne t'appartiendroit pas.

— Viens, lui répondis-je en l'embrassant encore, et laissons là mes foiblesses et mes douleurs. Quelqu'un souffre dans cette tour.

Nous introduisîmes facilement le levier sous la trappe à l'aide de mon ciseau. Bientôt, et qui pourroit exprimer notre joie, nous entendîmes les charnières gémir sous leur axe rouillé. La lourde porte se souleva et s'appuya presque verticalement contre les pierres dont je l'avois débarrassée dans mon premier voyage au donjon. Ma lanterne plongée dans la crypte, au moyen d'une ficelle à laquelle je me hâtai de la suspendre, s'arrêta sur un terrain solide, à six pieds de profondeur.

Je descendis; je promenai la lumière sur tous les points, sous tous les côtés rentrants de l'entablement, et je finis par me trouver placé au-dessus d'un escalier en hélice, beaucoup moins dégradé que l'extérieur.

— Attends, attends, criai-je à Solbioski, nous arriverons, ou je me trompe étrangement, à connoître ce que nous avons tant d'intérêt à savoir.

Il auroit inutilement tenté de me suivre, car je dus disparoître en achevant de parler. La tige de la volute étoit si serrée dans son tambour qu'on ne découvroit nulle part plus de deux degrés à la fois de sa profonde spirale, et qu'à force de tourner sur elle je sentis mon cœur défaillir et mes yeux se troubler. Je me laissai tomber, étourdi à demi, sur le dernier pas, à une espèce de parvis qui surmontoit un escalier plus large et parfaitement direct, où trois hommes auroient pu passer de front. Je fus frappé alors, en le suivant de l'œil jusqu'en bas, d'une lueur inattendue, que je regardai d'abord comme un reste d'éblouissement. Un peu remis, je fis passer ma lanterne derrière la longue colonne de la vis, et je regardai de nouveau. Ce n'étoit plus une illusion; c'étoit le ciel, le ciel avec le bleu velouté de la lune, si magnifique et si doux au milieu des ténèbres de cet affreux édifice!

—La lune et le ciel, dis-je en remontant avec empressement, la lune et le ciel! une issue! une issue! la tour est ouverte!

—Une issue, répondit Joseph, oh! pourrions-nous sortir d'ici sans redescendre ces murailles?

Au même instant il s'élança, mais il étoit à peine à mes côtés que la trappe de fer retomba sur nous, en ébranlant de l'épouvantable commotion de sa chute la ruine chancelante du donjon, qui en retentit dans toute sa hauteur.

— Qu'ai-je fait! dit-il, nous voilà prisonniers, et pour jamais, dans la *Torre Maladetta;* car tous les instruments qui pourroient servir à notre salut, je les ai laissés en dehors.

— Mais ne t'ai-je pas annoncé, Joseph, que j'avois trouvé une issue, une issue facile et sûre que tu n'as pas remarquée ce matin?

— J'ai vu, reprit Solbioski d'un ton soucieux, tout ce que l'homme peut découvrir de l'extérieur de cette tour, et si elle a quelque entrée ruineuse et inaccessible sur les rives du Tagliamente, oses-tu espérer que le Tagliamente ne soit pas débordé?

— Viens, viens, m'écriai-je en l'entraînant et ne t'abandonne pas à des inquiétudes inutiles. En quelques moments nous serons sortis. Vois plutôt, regarde, regarde….

— Ah! dit Solbioski, c'est le ciel! c'est le côté de Saint-Veit! et la plage étoit haute encore!

Nous descendîmes une douzaine de degrés du nouvel escalier en nous tenant embrassés, en haletant d'espérance, car il n'y avoit plus de crainte. Je voulois arriver plus vite encore ; je courois.

—Arrête ! cria Joseph, et il me saisit de toute sa force ; ne vois-tu pas, malheureux, que l'escalier est rompu ?

Nous nous assîmes alors. Je laissai filer avec précaution deux brasses de la ficelle qui soutenoit ma lanterne.

—Bon, bon, repartis-je, rompu ! dis plutôt interrompu à dessein, car le mur de revêtement qui a remplacé les degrés paroît d'une construction bien plus nouvelle que le reste du bâtiment. Mario s'en est sans doute avisé pour empêcher les communications du dehors avec l'intérieur de son château. C'est au reste une sotte précaution, car un enfant descendroit d'ici sans danger, et tu vois que les degrés ne cessent pas de se prolonger au-delà de ce court intervalle. Ils descendent jusqu'à cette porte de lumière qui nous rend à la liberté.

—Un enfant descendroit d'ici, répondit Solbioski, mais le mur est neuf, comme tu le disois tout-à-l'heure, et un homme n'y monteroit pas. —Reviens, Maxime, reviens. Quatre bras vigoureux peuvent soulever cette trappe.... nous ne l'avons pas essayé. Demain nous nous ferons suivre de Frédéric, que j'ai mal à propos éloigné, et qui est entreprenant et robuste. Nous nous assurerons mieux de nos précautions et de nos ressources ; nous indiquerons notre itinéraire à quelques voisins courageux que nous attirerons au château à force d'argent, si le débordement ne nous en a pas encore séparés, et nous n'exposerons pas notre vie à des périls sans remède, et peut-être sans utilité.

Nous n'avions calculé ni l'un ni l'autre l'effet d'une action produite par les quatre bras vigoureux dont parloit Solbioski, à une toise de notre point d'appui commun. La trappe s'ébranloit sous nos efforts, mais il auroit fallu d'autres bras au bout des nôtres pour la soulever et pour la replacer d'à-plomb auprès des pierres contre lesquelles nous l'avions d'abord appuyée. Mon ciseau ne nous prêtoit qu'un secours de peu de valeur, et nous n'avions pas tenté deux ou trois essais que, brisé près du manche, il tomba inutile à nos pieds. Je me gardai bien de hasarder à cette entreprise impuissante la pointe de mon poignard; elle pouvoit nous servir à quelque chose.

Nous redescendîmes sans nous parler, et nous étions un moment après au bas de la muraille qui coupoit si brusquement l'escalier. Je m'assurai qu'il seroit impossible d'atteindre des mains à cette hauteur, si nous étions forcés à revenir; mais la lune brilloit toujours, et sa lumière plus vive encore et plus étendue, à mesure qu'elle approchoit de son coucher, inondoit tous les bas degrés au point qu'on les auroit comptés facilement. L'espace extérieur étoit sans bornes.

Il y avoit là une vingtaine de pas que nous descendîmes avec une insouciance presque joyeuse. Mais là aussi la route étoit fermée, et la hauteur de la coupure auroit été effrayante si le poids des constructions supérieures ne lui eût donné un peu de penchant.

—Presque rien, mon ami, presque rien, je te le jure! quinze ou dix-huit pieds tout au plus, et nous allons être libres! et nous n'avons plus d'autre moyen de sortir vivants de la *Torre Maladetta;* car le retour est impossible. Vois le ciel! vois le jour qui va naître!

On n'entend pas même d'ici le bruit du Tagliamente, et c'est le côté de Saint-Veit !

Je lui disois déjà cela du pied de la muraille. Il tomba près de moi et courut à la lumière.

— O ! mon Dieu ! s'écria-t-il, perdus, perdus à jamais ! Ceci n'est pas une issue, ou c'est l'issue de la vie à la mort ! c'est le balcon de la plate-forme détruite, ce balcon où apparoissent Lucrèce et Béatrix, et dont Barbarina nous disoit ce matin ou hier que nul être vivant ne peut y parvenir s'il n'a des ailes !.... Et il faudroit en effet des ailes pour remonter cette tour ou pour en descendre ! Maxime, nous sommes perdus !

Je m'avançai, je me penchai sur le balcon : son élévation étoit immense parce qu'elle dominoit à pic sur le côté le plus profond de la grève. Pour comble de malheur, le Tagliamente ne s'étoit pas arrêté dans sa crue; il montoit, montoit toujours. Je m'assis sur les dalles et je reposai ma tête dans mes mains.

Après un moment de réflexion je revins à moi, car si je cède au découragement avec facilité, je ne tarde pas non plus à trouver de bonnes raisons pour reprendre confiance dans ma destinée. Solbioski n'étoit pas sorti de son abattement.

— Notre position est fâcheuse, repris-je; elle est périlleuse, si tu veux; mais il s'en faut de beaucoup qu'elle soit désespérée.

— Et qui pourroit nous en tirer, malheureux que nous sommes! As-tu des ailes?

— Calme-toi et ne me refuse pas un moment d'attention. Notre disparition presque fantastique de la salle où nous étions couchés portera sans doute au dernier degré les épouvantes de Bartolotti, mais l'imagination de cet homme n'est pas de celles qui accordent un grand empire au merveilleux. J'ai observé que la nature de ses craintes étoit plus positive, et je suis sûr qu'il attribuera une cause naturelle à notre absence. Il n'agira pas, à la vérité, je n'y compte pas plus que toi, mais il parlera. Les portes ne tarderont pas à s'ouvrir, car le jour va se lever, et l'on ne sortira du château que pour venir à notre recherche. Puck m'a suivi hier, le pauvre animal, autant qu'il a pu me suivre, jusque vers la base du donjon; il indiquera le chemin que nous avons tenu, et qu'un éboulement récent fera aisément reconnoître; car plus d'une de ces pierres noires et moussues, qui ont croulé sous nos pas, présentera au soleil alors une de ses faces qui n'en avoit jamais été frappée. M. Fabricius sera probablement arrivé; il a un vif intérêt à nous rejoindre; et les progrès du torrent qui s'augmente à vue d'œil le décideront sans doute à partir de bonne heure de Saint-Veit, avant d'être séparé de nous pour plusieurs jours. Tu connois son activité, sa résolution et son courage. D'une autre part, le bon Frédéric, que tu avois placé en observation au-delà des parties basses que les eaux menacent d'envahir, n'attendra pas leur irruption pour nous rejoindre; il l'aura calculée avec sa pénétration ordinaire, et il ne sera pas resté en sentinelle perdue à un poste qui n'a plus besoin d'être gardé, quand la *Torre Maladetta* va être enfermée par l'inondation. Il arrivera au sommet du donjon tout aussi aisément que nous; les degrés y sont marqués si visiblement que je les ai retrouvés de nuit. La découverte de notre levier, de notre sac et de nos instruments abandonnés près d'une trappe mobile, achèvera de le diriger. Il ne lui manquera pour nous délivrer d'ici, à lui tout seul, que deux ou trois brasses de corde qu'il se procurera sans peine au château, et nous reverrons, à midi, de la grande salle de compagnie, le soleil qui commence à gravir l'horizon, car notre trajet a été plus long que je ne l'avois pensé. Rassure-toi donc, mon ami, et ne crains pas que la Providence nous abandonne.

— Ainsi tu comptes donc, reprit Solbioski en hochant la tête, sur l'arrivée de M. Fabricius, parce que le Tagliamente n'est pas débordé, et sur l'arrivée de Frédéric parce que le Tagliamente déborde !

Je sentis la portée de cette objection. — Je compte, Joseph, sur l'une, — ou sur l'autre.

Et puis, dis-je en reprenant brusquement ma lanterne, rien ne prouve jusqu'ici que ce reste d'esplanade ne communique pas à quelque chose. Ce n'étoit pas du haut de la tour qu'on amenoit les dames à ce balcon merveilleux que l'art d'un architecte du moyen âge avoit ouvert pour le plaisir des yeux, en face d'une des plus belles pages de la nature pittoresque. Je garantis qu'avec un peu d'attention.... — Et tiens plutôt ! cette embrasure est étroite comme une meurtrière, mais elle est ouverte et pratiquable.

Ouverte en effet pour le passage d'un homme de profil, et si étroite dans sa longueur que je sentis mon cœur battre violemment à la pensée que le moindre tassement des ruines pouvoit nous fermer à jamais l'entrée de ce trou, pendant que nous en cherchions la sortie. Nous y avions déjà fait plus de cinquante pas, quand tout à coup les pavés solitaires qui composoient un à un toute sa largeur descendirent en pente glissante et rapide, où j'avois peine à affermir mes pieds. La lanterne étendue du bras droit, je fixois un regard inquiet et oblique sur le court espace qu'elle éclairoit à mon côté. Je m'arrêtai brusquement à une ouverture cylindrique où se terminoit cette voie mystérieuse avec ses murailles latérales qui achevoient de se refermer derrière dans un angle impénétrable. C'étoit une hélice du même genre que celle que nous avions parcourue, mais qui n'étoit propre qu'à recevoir le corps d'un homme. Il n'y avoit pas lieu d'hésiter, et j'y engageai un de mes pieds avec précaution ; il se fixa sur un degré solide, et nous nous plongeâmes dans cet abîme en frémissant de rencontrer un obstacle, car le mouvement de retour auroit été difficile à exécuter.

Nous parvînmes enfin à une vaste salle assez régulièrement bâtie, dont nous nous empressâmes de toucher les parois. Les parties inférieures étoient prises dans le roc vif. Nous étions, à n'en pas douter, dans les souterrains du château, et à peu de toises, suivant nos conjectures, au-dessous des constructions habitables.

Cette pièce, d'un aspect imposant et sombre, n'offroit de remarquable d'ailleurs qu'un puits creusé dans son centre, et qui avoit dû coûter d'incroyables travaux pour être prolongé jusqu'au niveau des eaux de la plaine. Un seau vide, mais humide encore, étoit appuyé sur le rebord ; la corde qui le soutenoit à sa poulie n'étoit pas entièrement desséchée à l'endroit où elle se renouoit à son anse de fer.

— Quelle preuve te faut-il de plus, dis-je à Solbioski, que ce lieu est habité ?

—Je n'en doutois pas à mon départ, répondit-il tristement, mais ce n'est pas sans inquiétude que je m'attends à rencontrer ses habitants.

Pendant que nous disions cela, j'avois détourné une vieille portière de drap noir, qui étoit suspendue à la muraille au moyen d'une tringle appuyée sur des crampons; elle fermoit une salle plus spacieuse encore que celle par laquelle nous avions pénétré dans ces horribles cachots.

Là tout annonçoit en effet la demeure d'une famille..., ou le repaire d'une bande qui le négligeoit depuis long-temps. Ses quatre côtés étoient garnis de fauteuils à l'antique d'une grande proportion; une cheminée assez difforme, dont le canal paroissoit aboutir au-dessus des grèves du Tagliamente, à la base des murailles, étoit surmontée d'une glace de Venise, dont le reflet m'effraya, tant l'aspect de l'homme est redoutable pour l'homme isolé qui manque de l'appui des institutions et de la société. Une découverte plus rassurante pour moi fut celle des doubles girandoles de bronze qui garnissoient les deux montants, et qui étoient encore chargées de bougies intactes, mais noircies par l'humidité et par le temps. Cet appareil, si extraordinaire dans un tel endroit, me remplit d'une joie d'enfant qui s'augmenta de beaucoup lorsque j'eus regardé la lanterne sourde. Elle n'avoit qu'un moment à luire, et tant de troubles différents que nous venions d'éprouver nous avoient fait oublier le plus sérieux de nos dangers. Nos torches et nos briquets étoient restés dans le sac abandonné sur le donjon. La mêche penchée sur un enduit de cire qui s'étoit amassé autour de la bobêche ne jetoit plus que de petites aigrettes blanches et bleues, qui dansoient sur elle comme si elles alloient la quitter, et ne la ressaisissoient que par une sorte de fantaisie. Je m'emparai de deux bougies, et avec quel soin je fis rouler sur sa brochette la vitre de cristal bombée qui céloit notre trésor, pour que l'agitation de l'air n'achevât pas de nous le ravir! Avec quelle tremblante anxiété je rapprochai le coton de ce faible reste de flamme prêt à s'évanouir! Avec quelle volupté je le vis s'incendier d'une large lumière, et la communiquer de bougie en bougie, car j'allumai tout pour m'assurer que le jour au moins ne nous manqueroit pas. Tout brilloit, tout resplendissoit autour de moi, mais les coins éloignés de la salle, où la clarté ne se faisoit de moins en moins sentir que pour s'éteindre tout-à-fait dans les ténèbres, en paroissoient encore plus obscurs et plus formidables. J'y plongeois la vue avec horreur, quand un cri déchirant partit derrière moi. Je me retournai, et Solbioski tomba le front sur ma poitrine, en liant ses mains tremblantes à mon cou.

— Là, là, me dit-il, en me montrant du doigt tourné derrière lui la partie de la salle qui nous étoit opposée, c'est là !

— Eh ! quoi encore, mon ami ?... Tu ne m'as pas même dit ce que tu crois avoir vu.

— Un cadavre ! un cadavre ! le corps d'une femme assassinée ! —

Je pris une des lumières. — C'étoit un cadavre en effet, une femme en robe noire, étendue sur une couche basse, et dont les bras traînoient sur la pierre. Je les relevai, je la replaçai dans son lit sanglant, sans remarquer cependant sur elle d'autres blessures que celles de ses poings mutilés, qu'on auroit cru broyés à demi sous les dents d'une bête féroce. J'exprimai cette conjecture tout haut.

— Vois, Maxime, vois, reprit Solbioski en déployant un des rideaux blancs qui pendoient sur elle, et en m'y montrant l'empreinte de cinq doigts teints de sang..... les bêtes féroces de la *Torre Maladetta* ont des mains !

— Joseph, lui dis-je avec autant de calme que pouvoit m'en permettre cette scène de terreur — et pardonnez-moi si je suis forcé d'en prolonger encore les angoisses —, Joseph, ce n'est point ici l'infortunée créature dont nous avons entendu les cris hier au soir, il n'y a guère plus de douze heures. Tout l'aspect du cadavre annonce que la vie n'en est pas retirée depuis moins de trois jours. Il y avoit d'ailleurs deux dames noires sur la plateforme, et il n'y en a qu'une là. Selon toute apparence, nous avons une victime à sauver.

— Mais en quel endroit te promets-tu de la découvrir, puisque tout est parcouru.

— Tout jusqu'ici. — Elle est derrière cette autre portière qui avoisine la cheminée, et que j'ai remarquée en éclairant cette pièce.

Nous armâmes nos pistolets, nous détournâmes la portière ; nous entrâmes dans une troisième salle.

Celle-ci différoit beaucoup des précédentes par sa décoration. Le roc à hauteur d'appui et la muraille qui le surmontoit y avoient été revêtus avec soin d'un stuc frais et brillant encore, dont l'application ne pouvoit pas être antérieure aux plus belles années de la jeunesse de Mario. D'espace en espace, de longs pans d'étoffes veloutées ou de papiers peints varioient à la manière vénitienne la monotonie du fond. Cinq ou six petits tableaux de bons maîtres, placés entre des porte-flambeaux en bronze agréablement ciselés, relevoient encore l'apparence de ce triste séjour, qu'on avoit du moins cherché à rendre aimable. Quelques instruments de musique à l'usage des femmes et un complet mobilier de toilette, chargé de livres d'imagination et de poésie épars au milieu des rubans, des dentelles et des parfums, indiquoient assez sa destination. L'alcôve étoit garnie d'un lit élégant qu'on avoit négligé de refaire, et dont le froissement annonçoit qu'il devoit avoir été récemment occupé.

La cheminée étoit large et haute, suivant l'usage ancien, mais travaillée avec art et assez richement ornée. La pendule de l'horloge et l'aiguille du cadran étoient immobiles. Déjà depuis quelques jours sans doute on avoit oublié, dans ce lieu de douleur, de mesurer le temps. Les quatre candélabres qui garnissoient les deux extrémités de la tablette ne portoient point de lumières, mais dans la moitié, les bougies avoient fini de mourir; dans l'autre, elles n'avoient pas été allumées. Cette précaution m'avertit de la nécessité de ménager celles qui restoient à ce souterrain, dans lequel nul rayon du jour ne pouvoit jamais pénétrer, et où la nuit absolue devoit être horrible. J'allumai deux bougies des candélabres, j'en conservai une dans ma main, et je me hâtai d'éteindre toutes celles que j'avois imprudemment enflammées en traversant la chambre de la morte. Je revins ensuite prendre part aux explorations inquiètes de Solbioski, dont aucune circonstance rassurante n'avoit détourné les funestes pressentiments. Il étoit plongé en silence dans un fauteuil au coin du foyer, où les débris de quelques tisons, depuis long-temps refroidis peut-être, avoient noirci dans les cendres.

— Il n'y a plus rien, me dit-il, plus rien que le cabinet exhaussé où l'on parvient par ces degrés, et que j'ai visité d'un coup d'œil. C'est là probablement que cette malheureuse prisonnière rangeoit ses provisions; mais elles sont si complétement épuisées, qu'il ne reste pas une indication qui puisse faire connoître l'endroit où elle déposoit son pain. Le bûcher seul est garni.

— Le bûcher! répondis-je en courant à l'escalier. Eh bien, du feu! du feu! Le froid, la fatigue, le sommeil, ont tellement abattu mes sens que je ne saurois, sans un moment de repos, retrouver ma présence d'esprit et ma fermeté. Du feu, Joseph, un grand feu, et nous rêverons quelque moyen de salut, car la nuit m'a toujours porté conseil !

J'avois déjà passé dans ses mains je ne sais combien de tronçons d'un pin résineux qui ne demandoit qu'à petiller, quand, en soulevant brusquement une bûche de plus, je frappai de son extrémité par mégarde le plafond de cette soupente; il rendit un son métallique dont le retentissement extraordinaire me surprit, et nous nous regardâmes, Solbioski et moi, comme pour nous consulter mutuellement.

— Oui, oui, me dit-il en répondant à ma pensée; tu ne t'es pas trompé. Nous avons déjà entendu ce bruit; c'est celui qui s'est renouvelé hier à plusieurs reprises sous la grande salle du château.

— Je m'élançai sur la pile de bois, et je frappai de mon marteau à la même place : le bruit se répéta plus intense et plus facile à reconnoître.

— Ceci est évident! m'écriai-je. Regarde, on n'a pas même pris la peine de déguiser aux yeux l'enchâssement de cette trappe, et c'est par là que cette malheureuse femme est descendue; car il n'y a certainement point d'autre issue au pied de la tour. L'âge qu'elle annonce, d'ailleurs, autant que j'ai pu en juger par le regard d'effroi que j'ai jeté sur elle, ne lui auroit pas permis d'escalader les murailles, et si nous ne savions de Barbarina elle-même que depuis vingt ans on n'est pas monté au donjon, l'état dans lequel j'ai trouvé les ruines que j'ai visitées le premier ne me laisseroit pas la possibilité d'en douter. Seulement, il ne s'agit plus ici d'une trappe mobile comme celle à laquelle nous devons la funeste connoissance de ces mystères. Celle-ci est solidement fermée en dehors sous ce tapis qui couvre un revêtement de pouzzolane, au moyen duquel on est parvenu à la dissimuler habilement. C'est sur ce point qu'il faut agir, car c'est de là que doit arriver notre délivrance, et ne doute pas qu'on nous entendra !

— Qui nous entendra, dit Joseph en me regardant douloureusement? Bartolotti qui s'est enfui, Frédéric qui n'est pas revenu, M. Fabricius à qui le Tagliamente a fermé le passage? Barbarina peut-être? Tu ne t'es pas avisé toi-même de soulever ce tapis dans toute son étendue, et tu veux qu'on s'en avise!

Pourtant nous attaquâmes la trappe de manière à ébranler la tour jusqu'à son sommet, et rien ne nous répondit.

Nous redescendîmes; nous attisâmes un feu large et ardent; nous nous mîmes à disposer les matelas du lit aux deux côtés du foyer, et cela sans nous parler. Seulement, nous remontions de temps à autre pour renouveler nos efforts contre cette voûte sonore, mais inébranlable, où toutes nos percussions inutiles grondoient sur nous comme une menace et comme un arrêt de mort. Dans le silence que nous gardions après chaque tentative, je crus saisir un murmure de plainte ou une voix d'agonie. Je me baissai, car cela étoit parti de mes pieds; je vis quelque chose alors qui ressembloit à un second cadavre. J'y touchai en frissonnant: c'étoit une femme étendue sur la face à l'extrémité du bûcher avec une pièce de bois dans ses mains. Je la soulevai, je l'emportai entre mes bras, je la déposai sur une des couches que nous avions préparées, j'écartai les longs cheveux qui recouvroient son visage pour m'assurer qu'elle existoit encore; mais ses yeux étoient fermés, et le peu de vie qui restoit à ses lèvres convulsives étoit aussi affreux à voir que la mort..... Et quand Solbioski eut rapproché de nous la lumière, je sentis que ma vie elle-même alloit s'échapper: mes sens se troublèrent, mes jambes défaillirent, mon âme fut près de s'anéantir. Cette femme mourante ou morte, c'étoit Diana !

— Diana, Diana ! m'écriai-je en tombant à genoux auprès d'elle et en portant sa froide main à ma bouche.

— Tout s'explique maintenant, dit Solbioski : Mario, justement soupçonné de l'enlèvement de Mlle de Marsan, n'avoit trouvé d'autre moyen de la soustraire aux recherches que de la cacher jusqu'à nouvel ordre dans ces souterrains, avec sa femme de compagnie. Comme des approvisionnements inaccoutumés auroient décélé son secret, il avoit multiplié, pour y suppléer, ses petits voyages à Codroïpo. Il est mort au retour, et ces deux infortunées sont mortes de faim dans cette prison, où nous allons mourir !...

— Mortes, repris-je ! Diana n'est pas morte ! Elle vit ! elle ne mourra pas ! La chaleur de ce foyer commence à la ranimer !

— Tant pis ! répondit amèrement Solbioski. Hélas ! il vaudroit mieux qu'elle fût morte; nous ne pouvons que prolonger sa triste agonie par des secours cruels. Avec quoi la nourriras-tu ?...

— Malédiction du ciel ! dis-je en me relevant et en parcourant la salle à pas précipités dans un accès de frénésie et d'horreur. La Providence est donc sourde comme le néant! Point de salut pour Diana!...

— Et point de salut pour nous! répéta Solbioski, dont la voix lugubre retentissoit sur la mienne comme le répons mélancolique du trappiste : Frère, il faut mourir!

Mes mains se crispoient, pendantes sur mon habit; c'étoit ma redingote de voyage : une des poches repoussa ma main.

— Ah! criai-je avec ivresse, elle ne mourra pas!... J'ai bien dit qu'elle ne pouvoit pas mourir! Grâces te soient rendues, Onorina! Pauvre Onorina, que le ciel te protége! Mon Dieu, pardonnez-moi! — Sainte Honorine, priez pour nous!...

— Que dis-tu, mon ami? Le désespoir trouble ta raison!... Ta tête s'égare!... Calme-toi!...

— Sainte Honorine, priez pour nous! Diana ne mourra pas! Voilà de l'eau, du feu, des vases — et de la lazagne.

Ce qui suivit immédiatement n'a pas besoin d'être raconté. Notre étonnement religieux et reconnoissant, nos élans d'amour pour la Providence un instant méconnue, qui nous envoyoit ce bienfait miraculeux ; notre empressement à secourir Diana, nos précautions pour la ramener à la vie par des transitions habilement ménagées et qui n'eussent rien de dangereux, tout cela se comprend bien mieux que cela ne pourroit jamais s'écrire ! — Au bout d'une heure, son pouls battoit avec lenteur, mais avec régularité ; le sang, ranimé dans ses veines, étoit remonté à ses lèvres pâles ; sa bouche respiroit, son cœur palpitoit sous ma main, ses yeux s'ouvrirent ; elle les promena vaguement sur toute l'enceinte, les arrêta un moment sur moi sans montrer de surprise, et les referma en soupirant.

Je ne devinois que trop ce qu'elle avoit cherché, et je tremblois de deviner ce qu'elle avoit compris.

Nos soins se continuèrent autant qu'il le falloit pour nous rassurer sur son existence, et nous oubliâmes alors quelles foibles espérances nous restoient d'entretenir ce souffle fugitif que nous venions de ranimer. L'âme de l'homme se laisse relever dans les circonstances les plus extrêmes par de si trompeuses joies! Elle a si grand besoin de croire à un lendemain, de se ressaisir d'une illusion, et c'est cela qui fait vivre!

Diana, depuis sa résurrection, avoit paru cependant incapable d'articuler une parole. Son regard fixe et morne, qui s'étoit à demi dégagé des ténèbres de la mort sans perdre cette expression, n'avoit pas même réfléchi une pensée, une émotion intérieure. Une seule fois elle pressa ma main en détournant sa bouche des aliments dont elle ne sentoit plus le besoin, ferma les yeux de nouveau, mais sans témoigner de douleur; et puis elle s'endormit.

Après avoir regarni le foyer et renouvelé les flambeaux, nous cédâmes aussi au sommeil; il dura long-temps.

Je m'éveillai le premier, et il le falloit, car tout alloit s'éteindre. Diana reposoit dans un calme profond et qui paroissoit doux. Je m'en approchai autant que cela étoit nécessaire pour entendre sa respiration et sentir la tiédeur de son haleine. Je plaçai ensuite à sa portée, sur un petit meuble éclairé de deux lumières, ce qui restoit de la lazagne, et muni de ma lanterne, je regagnai en silence l'escalier du balcon. Je ne pouvois m'imaginer qu'on n'eût fait aucune démarche pour nous retrouver, et je craignois seulement que les perquisitions ne se fussent arrêtées à cette galerie étroite où il n'étoit effectivement pas naturel de chercher un passage.

Rien ne répondit à mes conjectures. Il n'y avoit point de changement : on n'étoit pas venu.

Le soleil avoit déjà passé le point du ciel qu'il occupe à midi. La journée de la veille, dont nous n'avions vu que l'aube, devoit avoir été belle. La fonte des neiges continuoit. Le Tagliamente inondoit ses rivages ; il remontoit en vagues blanches et retomboit en vapeur contre le pied du rocher. La campagne qui nous séparoit de Saint-Veit disparoissoit tout entière sous un lac immense au milieu duquel sa tour se dressoit comme un mât immobile. Je pensai que M. Fabricius n'avoit pas pu se mettre en chemin.

Solbioski ne s'informa pas des motifs de mon absence, et je ne lui en parlai point. Il avoit le temps d'apprendre que notre espoir le mieux fondé s'étoit évanoui.

— Malheur, malheur! dit-il en s'asseyant sur sa couche. La nuit t'a-t-elle porté conseil, comme tu l'espérois?

Elle m'a conseillé, mon ami, de ne compter que sur nous. La trappe de ce cabinet ne peut s'ouvrir, et si elle cédoit sous nos efforts, elle nous laisseroit une nouvelle difficulté à vaincre, car l'ouvrage de maçonnerie qui pèse sur elle cache dans sa construction quelque artifice que nous ne pouvons pénétrer.
— Le chemin le plus court, c'est le plus long.
— Il faut regravir cet escalier de désespoir, et pour cela il faut une échelle que nous aurons bientôt fabriquée. Il y a dans les dossiers de ces fauteuils que nous avons remarqués en entrant, il y a dans leurs traverses des montants et des échelons qui n'ont besoin que d'être ajustés assez solidement pour nous porter tour à tour. Les instruments que Mario a recueillis en désordre dans les coins du bûcher, pour le service de son foyer, suffisent à ce travail, auquel suffiroient la pointe et le tranchant de mon poignard, le superflu de la ficelle qui soutient notre lanterne, et peut-être nos bras, nos bras seuls!

Quant à la trappe, nous la souleverons sans peine. J'ai observé qu'un des barreaux du balcon ne demandoit qu'un effort pour être déchâssé de sa soudure, et un trait de cette petite scie à main qui est pendue à la cheminée réduira notre échelle à la proportion nécessaire pour nous élever jusqu'à la porte rebelle qui n'a résisté à nos efforts que parce que nous l'attaquions de trop bas. Du courage seulement, car il n'y a point de temps à perdre !

— En effet, dit-il, cette ressource est la dernière, l'unique ressource qui nous reste, si le Tagliamente est débordé...

Ensuite, il s'assit sur son lit, essuya son front, pâlit et me dit : J'ai faim.

— Ces premières irritations du besoin restent long-temps sans se renouveler quand on les a vaincues la première fois ; c'est une grâce d'état pour les prisonniers et les acteurs des guerres civiles. Pense que dans quelques heures nous pouvons être délivrés !

Et je me hâtai de distribuer entre nous les différentes parties de notre travail.

Oh ! ce travail fut bien long ! Nous étions

également inexpérimentés à la besogne, et la rigueur de notre apprentissage s'augmentoit de notre affoiblissement toujours croissant. Indépendamment des distractions nécessaires que nous donnoient de temps en temps les légers repas de Diana, dont j'avois divisé en très-petites portions la lazagne presque épuisée, nous étions pris alternativement de langueurs et de défaillances qui faisoient tomber nos outils de nos mains. Nous en vînmes enfin à bout, s'il est permis de regarder comme un ouvrage terminé les objets informes et grossiers que nous avions si peu solidement ébauchés. Nous nous trouvâmes heureux cependant !

Après cela, nous disposâmes tout dans l'appartement pour le temps que devoit, selon nous, durer notre absence, et nous gagnâmes le balcon avec des difficultés que multiplioient à chaque pas les embarras de notre équipage.

Qui le croiroit? Les heures qui avoient paru si longues à mon impatience étoient plus nombreuses encore que je ne l'aurois pensé. L'ouverture de la plate-forme étoit éclairée par le jour, par un jour nouveau, par le soleil du troisième midi. Je m'étonnai d'avoir tant souffert, et d'avoir mesuré si mal la longueur de mes souffrances. La douleur marche vite.

Solbioski se hâta de courir au balcon. Je n'avois plus rien à y apprendre, et je m'arrêtai derrière lui.

— Le Tagliamente est débordé, dit-il en laissant retomber sa tête sur sa poitrine.

— Qu'importent le Tagliamente et ses débordements, répondis-je ! Nous allons au donjon et non au rivage !

Et alors je tentai d'ébranler le barreau que j'avois senti vaciller, que j'aurois probablement détaché la veille, si je l'avois voulu. Il résista. Mon sang se figea dans mes veines; car, sans le secours d'un levier, tous les autres préparatifs de notre entreprise devenoient inutiles. Comme j'en cherchois un qui fût plus mal affermi, comme je le cherchois sans le trouver, et sans faire connoître à Solbioski le sujet de mon inquiétude, un corps long, dur et arrondi roula sous mes pieds ; c'étoit un barreau qui étoit tombé de lui-même aux secousses de l'orage ou à la suite des dégradations du temps. Je m'en emparai et je le traînai après moi de degré en degré, parce qu'il étoit lourd. Nous montâmes lentement, à pas tardifs, à stations multipliées; car le courage nous manquoit, même pour nous délivrer. Nous nous reposâmes un moment au-dessous des degrés qui aboutissoient à l'escalier à vis, pour scier notre échelle à la hauteur de la trappe. Nous laissâmes le reste, qui en étoit la plus longue partie, sur le terre-plein de la dernière muraille, et nous arrivâmes au sommet.

Nous nous assîmes encore; nous nous embrassâmes; nous échangeâmes quelques paroles d'encouragement : nous en avions besoin.

Enfin, le dos tourné à une paroi d'où notre levier pouvoit agir dans tous les sens avec facilité, nous nous affermîmes de commun sur les bâtons de notre courte échelette, que nous avions eu soin de choisir robustes et solides, parmi les mieux enclavés dans leurs mortaises. Nous courbâmes nos épaules sous la porte de fer qui nous séparoit du ciel et de la vie, et introduisant peu à peu la pointe de notre barre aiguë au point où les rebords de la trappe s'appuyoient mal hermétiquement sur son cadre, nous fîmes peser à son extrémité opposée l'effort de nos quatre mains réunies, avec le peu de vigueur que nous prétoit l'espérance — ou le désespoir.

Les charnières crièrent comme la première fois; la trappe bâilla et s'ouvrit à laisser passer un homme; la pleine lumière du matin pénétra dans la tour par gerbes éblouissantes, avec l'air pur et vif de cette région élevée.

— Nous sommes sauvés, m'écriai-je! Un moment encore, et nous sommes sauvés!

Au même instant, toutes les pierres qui entouroient la trappe, ébranlées par son mouvement, se précipitèrent sur elle avec un épouvantable fracas; elle retomba comme la foudre et nous chassa violemment au loin sur les dalles.

— Nous ne sommes pas sauvés, répondit Solbioski en m'entourant de ses bras; je te l'avois bien dit: nous sommes perdus!

Nous restâmes quelque temps en silence au bruit des ruines qui continuoient à s'amasser sur notre tête, car l'ébranlement s'étoit communiqué aux parties les plus chancelantes du parapet du côté où il s'inclinoit sur le front penchant du donjon, et les pierres qui le couronnoient tomboient et rouloient toujours.

Je pensai, sans le craindre, qu'il alloit crouler tout entier et nous anéantir. — Mais le bruit cessa enfin pendant que les profondeurs du bâtiment le répétoient encore dans leurs échos. La tour vibra un moment comme un peuplier dont le tonnerre a frappé la cime, ou comme un pendule chassé par le doigt qui rétrécit peu à peu l'arc de ses oscillations. Et puis tout fut muet et immobile.

Notre lanterne, heureusement close, n'avoit pas été éteinte par la commotion. Je la repris avec une apparence de sécurité sur laquelle j'avois peine à me faire illusion à moi-même, et saisissant la main de Solbioski :

— Viens, lui dis-je, rien n'est désespéré encore. Cette catastrophe se sera fait ressentir jusque dans la cour du château, où des fragments des murailles seront tombés du sommet. Leur direction naturelle est de ce côté. L'accident qui nous accable fera deviner nos efforts, notre position, nos dangers. Sois assuré qu'au moment où je te parle, la trappe inférieure est ouverte. Viens, au nom du ciel qui ne nous abandonnera pas.

Solbioski arrêta sur moi un regard où se confondoient une incrédulité douloureuse et une triste dérision.

Je détournai les yeux, et je l'entraînai sur mes pas dans l'escalier tournant.

Nous descendîmes sans nous parler. Notre échelle s'ajusta facilement à la première muraille, malgré la diminution que nous lui avions fait subir pour en soustraire l'échelette que nous venions de laissser au sommet. A la seconde coupure de l'escalier direct, elle se trouva beaucoup trop courte. C'étoit un inconvénient facile à prévoir, si nous avions prévu que nous devions revenir. Je n'y avois pas pensé. Nous eûmes peine à y atteindre, en nous suspendant à nos mains affoiblies et tremblantes, après de longues et timides précautions. Enfin nous arrivâmes, comme à un lieu de refuge, au balcon inaccessible du Tagliamente.

Il étoit nuit. La lune, épaissement voilée,

ne jetoit qu'une foible clarté sur le torrent, mais il se rapprochoit visiblement de son lit; le vent de *Bora* qui souffloit avoit refroidi la température, et tari pour quelques jours l'urne des débordements. Les nuées rapides et sifflantes fouettoient autour de nous un givre piquant. J'osai m'en réjouir avec toute l'expansion qui me restoit pour exprimer un sentiment d'espérance.

— Il fait froid, dis-je; les neiges ne fondront plus; le Tagliamente s'éloigne; la grève est libre. Si le docteur Fabricius n'est pas arrivé aujourd'hui à la *Torre Maladetta,* il y arrivera certainement demain.

— Et qu'importe à notre salut qu'il y arrive demain ? dit Solbioski en s'évanouissant dans mes bras.

Je fis d'abord des efforts impuissants pour le rappeler à la vie qui paraissoit l'avoir tout-à-fait quitté. Enfin il se ranima de lui-même un instant, et un instant après défaillit de nouveau. Peu à peu ces deux états devinrent alternatifs et mesurés par des périodes presque égales. Je compris que le même symptôme menaçoit de m'atteindre à mon tour, et qu'il étoit temps d'arriver à l'appartement encore si éloigné de Diana. J'en calculai la distance avec épouvante. La lumière étoit d'ailleurs près de sa fin, car je n'avois pas imaginé le matin qu'il fût nécessaire de me précautionner pour le retour, dont je n'aurois pas même compris la possibilité. Des études physiologiques, faites d'ailleurs avec assez de soin sous des maîtres illustres, ne m'avoient laissé, chose étrange, aucune notion positive sur le temps pendant lequel l'homme peut se passer d'aliments. Je m'étonnois de vivre encore.

Hélas! il m'est facile de vous épargner les détails de cet interminable trajet; mais j'essaierois inutilement de vous soustraire à la douleur de les deviner. Vous vous rappelez ce corridor étranglé qui paroissoit plutôt avoir été pratiqué pour des couleuvres que pour des hommes. Vous vous rappelez ce puits étroit et profond, antre spiral qui ne promettoit qu'un tombeau. C'est là que vous suivrez sans moi de la pensée deux mourants qui se traînent à lentes reprises à travers des espaces presque impénétrables à l'agilité, à la force et à la patience. Combien cela dura, qui pourroit le dire! Combien de fois, accablés d'une fatigue sans but et sans espérance, nous répétâmes-nous : « C'est assez. Il est aussi bon de mourir ici! » — Combien de fois, ranimés par je ne sais quelle vigueur de l'âme que donne l'amour de la vie, redoublâmes-nous d'efforts pour atteindre inutilement le seuil d'un autre sépulcre! Nous étions parvenus, tantôt marchant, tantôt rampant, à la chambre de la morte, quand notre lumière jeta subitement un éclat plus vif, et s'éteignit.

— Sommes-nous arrivés? me dit Solbioski en se couchant sur le rocher. Pourquoi ne vois-je plus rien?

— Nous ne sommes pas arrivés, répondis-je, et nous n'avons plus de feu; mais la seconde portière sera facile à trouver, si je ne me trompe, en suivant de la main le tour des murailles. Attends-moi, mon frère, attends-moi.

Je me glissai alors en chancelant le long des froides parois, me reposant de temps à autre sur mes genoux pour reprendre haleine.

Un meuble en saillie me détourna. Incapable de le suivre dans toute sa longueur sans être appuyé, j'étendis mes mains pour retrouver le mur qui ne pouvoit pas être éloigné; je le cherchois sans y atteindre. Une idée horrible traversa mon esprit; le pied me manqua, et je tombai sur le cadavre.

— Est-ce là? cria Solbioski; as-tu laissé retomber la portière? Pourquoi ne vois-je pas?

— Ce n'est pas encore ici, répondis-je en grelottant de terreur; attends-moi, Joseph, attends-moi.

Je repris mon affreuse route dans cette épouvantable obscurité, dont aucune des nuits de la terre ne peut donner l'idée. Après bien du temps, la portière céda sous mes doigts; je la tirai brusquement. Tous les feux étoient éteints.

— Pourquoi as-tu fermé la portière sur moi? dit Solbioski? Tu es arrivé et je ne vois pas. Hélas! m'abandonnes-tu?

Je ne prononçai pas une parole. Une minute de délai pouvoit achever de nous perdre. Je me dirigeai vers le foyer en me soutenant à droite et à gauche sur les couches où nous avions reposé le second jour; je le fouillai de mes mains.

— O bonheur! m'écriai-je avec une sorte d'extase; encore, encore cela!...

— La trappe est-elle ouverte? reprit Solbioski. La trappe est ouverte! Maxime, ne m'abandonne pas!

— Une étincelle, mon ami, une étincelle et des charbons! — Et la chambre s'éclaira.

Je crus retourner à la vie; je conduisis ou plutôt je traînai sur son lit mon pauvre Joseph, dont l'agonie étoit plus hâtive que la mienne.

J'allai ensuite à Diana; ses yeux étoient ouverts et fixes comme à l'ordinaire, mais plus brillants, plus ardents, plus météoriques; son teint étoit enflammé; son pouls battoit avec désordre et précipitation.

— A-t-elle tout mangé? dit Solbioski en se soulevant péniblement sur ses mains.

— Oui, lui répondis-je, tout mangé! mais la fièvre préserve de la faim : le peuple dit qu'elle nourrit.

Il se laissa retomber.

Je voulois tenter un dernier moyen de frapper l'attention des habitants du château, — s'il lui en restoit encore. Mais je craignois qu'il ne produisît sur Diana, réveillée à l'improviste, une émotion mortelle, et je lui fis part à haute voix de manière à être entendu distinctement de Solbioski, de toutes les particularités de notre situation, en lui laissant à deviner le nom des amis absents dont nous attendions notre délivrance, pour qu'elle pût se consoler au moins dans la pensée que Mario vivoit encore. Elle me regardoit fixement et immobile à ma voix, comme si elle m'avoit écouté avec une attention réfléchie. Je le pensai d'abord. Quand j'eus fini de parler, elle ne me répondit pas du moindre signe; elle se retourna du côté opposé et parut s'endormir.

Je dégageai de la ceinture de Solbioski les deux pistolets dont il étoit armé. Je remontai sous la trappe sonore du cabinet, et je fis double feu. Après un moment d'interruption, je renouvelai l'explosion des deux miens, et je prêtai l'oreille aux bruits extérieurs. Il me sembla que j'entendois un murmure confus, comme un bruit de trépignements et de voix; mais depuis deux ou trois jours ces bruissements sans cause offusquoient si souvent mon ouïe et mon cerveau, que je n'étois plus capable de distinguer de la réalité les illusions de mes sens malades.

Je voulois cependant profiter de cette chance d'être entendu, — c'étoit la dernière. — Je soulevai un tronçon de pin pour en frapper la trappe encore une fois; je l'exhaussai de quelques pieds au-dessus du sol, et je le laissai retomber. Je me baissai pour le reprendre et le soulever encore, et je ne le soulevai plus.

Je descendis alors à pas incertains vers la cheminée pour ranimer le foyer et renouveler notre luminaire funèbre. J'y employai tout ce qui restoit à ma portée de bois et de bougies; je savois qu'il ne nous en falloit pas désormais davantage. Une heure, des heures peut-être se passèrent à ce travail, et j'en mis une encore à me glisser dans le suaire qu'aucune main ne devoit recoudre sur moi. — C'étoit fini pour jamais.

Solbioski se retourna de mon côté, et me dit d'une voix qui s'éteignoit : — Quel jour est-il ?

Je pensois que ce devoit être le commencement du cinquième, mais je ne répondis pas.

Le temps se partagea dès lors entre d'incroyables souffrances et des langueurs anéantissantes où je croyois que ma vie alloit m'échapper. Il y avoit des moments de prestige où tous les objets prenoient un aspect fantastique et capricieux, comme la décoration d'un spectacle ou les apparitions du sommeil. Les ombres des murailles éloignées se mouvoient, se détachoient, se mêloient avec des formes étranges et gigantesques, s'embrassoient, se lioient les unes aux autres et tournoient autour de moi, pressées, confuses et hurlantes. Les flammes des bougies bondissoient si haut sur les flambeaux que j'avois peine à les suivre. Des voix connues s'introduisoient dans mon oreille comme un souffle, ou retentissoient au-dessus de ma tête avec un rire moqueur et insultant. Si je fermois les yeux pour me dérober à ces fascinations, la dernière perception qu'une liaison inexplicable d'idées avoit portée à mon esprit se prolongeoit d'une manière indéfinie dans ma pensée. C'étoit un chant borné, un refrain monotone, un vers grec ou latin à l'assourdissante mélopée, la reprise d'un virelai ou d'une redondille, dont l'obstination importune sembloit s'attacher à moi pour l'éternité, comme cette terrible mouche hippobosque qui revient toujours avec une précision infaillible à l'endroit d'où on l'a chassée.

Quelquefois je passois d'un évanouissement délirant au sommeil, et la scène changeoit alors d'une manière étrange. Il y avoit dans mes rêves de l'air, du soleil, des femmes et des fleurs. Je me trouvois tout à coup dans des assemblées joyeuses, où l'on ne s'occupoit que de plaisirs et de festins. Des tables splendides se chargeoient de mets délicats, que j'essayois d'atteindre, et qui se convertissoient dans ma bouche en sable insipide ou amer. Onorina revenoit partout avec son petit éventaire comblé de lazagne appétissante.—Achetez, monsieur, disoit-elle, achetez ma bonne lazagne et mon fin vermicelle de Padoue? cela peut servir dans l'occasion, et il n'y en a pas de meilleur à Codroïpo. — Mais quand je voulois me précipiter sur sa lazagne, mes mains ne pouvoient s'étendre pour la saisir, ni mes dents spongieuses s'affermir pour la broyer...

Puis je sortois en sursaut de mes songes, au bruit d'une plainte déchirante qui se traînoit encore long-temps sur mon réveil.

— Qu'est-ce donc que cela! criai-je une fois de toute la force qui me restoit.

— Rien, répondit Solbioski. C'est probablement mademoiselle de Marsan qui meurt.

— Mon Dieu, repris-je, prenez pitié de moi ! Sainte Honorine, priez pour nous !

Ce temps-là ne peut pas se calculer; car quelquefois aussi mon sommeil étoit morne et long. Je me rappelle qu'il arriva un moment où, en ouvrant les yeux, je n'aperçus plus de clarté. C'étoit cette nuit finale, cette nuit éternelle, que j'avois prévue avec tant d'horreur, et retardée avec tant de soin, le jour précédent, ou la veille, ou un autre jour encore auparavant. C'étoient mes dernières ténèbres. — J'entrepris de me lever. — Je ne pus pas !

— Voilà qui est bien, dis-je à part moi. Tout est fini. Ceci est la mort !

Et je me rajustai pour mourir; mais en essayant d'étendre mon bras pour y reposer ma tête, je l'appuyai sur un bras froid.

— Qui est là? murmurai-je en frissonnant, comme si la rencontre d'un assassin avoit pu m'effrayer. Un assassin, hélas! un assassin! Il n'y en avoit point de si cruel qui n'eût rompu son pain avec moi!

— C'est moi, répondit Solbioski, dont la force plus promptement abattue que la mienne s'étoit plus long-temps conservée. Ne tremble pas! n'aie pas peur! Je ne veux pas te faire de mal. Je n'ai besoin que de ton poignard.

— Que peut-on faire ici d'un poignard? Croirois-tu qu'il y eût des hommes cachés dans les souterrains de la tour?

— Non. Il n'y a que des cadavres; mais il il y en a un dont l'obstination à vivre me fatigue, et dont j'ai le droit de me débarrasser. Donne, donne ton poignard, et bois mon sang; on dit que cela soutient la vie. Qui sait? Le Tagliamente est peut-être redescendu entre ses rivages. M. Fabricius est peut-être revenu.

Je jetai mon poignard aussi loin que j'en fus capable. J'étois bien sûr que nous n'irions pas l'y chercher. Cette pensée, je l'avois eue.

— Mon frère, dis-je en pleurant, tu es couché sur le roc; viens, viens jusqu'à moi. Joseph, ne me quitte pas! Mon Dieu! ayez pitié de nous!

Je ne sais si je l'attirai à moi ou si je me rapprochai de lui; mais nous finîmes par nous toucher.

— Honorine, s'écria-t-il! pauvre Honorine! la jeune fiancée qui prépare ses rubans et ses bouquets! Honorine qui étoit si bonne et si belle! Et toi, Maxime, que j'aimois et que je ne verrai plus! Oh! si le jour seulement nous avoit encore éclairés une fois! Mais il y a trop loin d'ici, et le balcon est trop élevé.... Jamais! jamais.

J'étois frappé d'un vertige accablant. Quand Joseph ne parla plus, je cherchai à me pencher vers lui pour m'assurer qu'il respiroit encore. Il se détourna de moi avec un affreux gémissement. J'entendois des bruits vagues; je les perdois comme s'ils n'avoient pas été. J'essayois de les ressaisir. Enfin ma pensée m'échappa tout-à-fait. Je retombai dans le vague de mes rêves. Je revis ces festins que j'avois quittés, et la petite Onorina criant sa lazagne, et sainte Honorine me tendant des bras consolateurs du fond du tableau fantastique du Pordenone.

Cependant les bruits revenoient toujours. C'étoit le pic, c'étoit la sape, c'étoit le Tagliamente qui passoit, en gémissant, sur la tour; c'étoit la mine qui la faisoit sauter; c'étoit Onorina tout en larmes, au seuil de l'église, qui ne cessoit de répéter : Achetez, monsieur, achetez ma bonne lazagne ! Il n'y en a pas de meilleure à Codroïpo ! — Je dormois.

Lorsque je revenois à moi, je disois à Solbioski : — Dors-tu ? — et il ne me répondoit point.

Ma stupeur devint peu à peu plus profonde. Je perdis le souvenir des temps, et des lieux, et de moi-même. Je me demandois vaguement : Où suis-je ? et ma mémoire étoit un abîme où je ne pouvois me retrouver.

Je finis par ne plus penser. L'ouïe seule m'apportoit encore des sensations incomplètes et confuses, des cris, des lamentations, un fracas de cataractes et de tempêtes. J'essayois d'y répondre par des lamentations et par des cris, pour me mettre à l'unisson de cette nature souffrante qui alloit mourir, et la voix me manquoit.

L'horloge de l'éternité ne suffiroit pas à mesurer de pareilles heures. Quand elles furent passées, je me retrouvai quelque part, dans un endroit où le jour venoit du ciel. C'étoit peut-être un matin. Je refermai les yeux aussitôt que je les eus ouverts, parce que le soleil les blessa. Ma bouche étoit moins ardente, mes organes moins languissants. Quelques sucs savoureux récréoient mon palais, et je les goûtois encore. Je sentois au moins mes souffrances. Je m'imaginai que je vivois.

— Ceci vaut mieux, dis-je en moi-même. Il faudroit rester et mourir comme cela.

Je regardai de nouveau, parce qu'un nouveau breuvage doux et substantiel avoit encore ranimé ma vie. C'étoit là un spectacle bien étrange ! Une salle si vaste et où je ne m'étois jamais éveillé, qui n'étoit pas de la maison de mon père, qui n'étoit pas de mon auberge, qui n'étoit pas de ma caserne, qui n'étoit pas de ma prison ! Le sol surtout m'étonnoit. Il étoit profondément remué et couvert de laves éparses. Il y avoit seulement au milieu une large ouverture carrée qui sembloit communiquer à un caveau.

— *La Torre Maladetta!* criai-je, *la Torre Maladetta!* la trappe est ouverte! Diana, Joseph, Anna, venez à moi, venez! j'ai trouvé un chemin. Oh! ne tardez pas à venir, il y en a déjà tant de morts!

— Personne n'est mort qu'Anna, me répondit le docteur Fabricius, qui étoit appuyé sur le chevet de mon lit. Il étoit trop tard.

— Fabricius! mon ami, mon père, dis-je en saisissant sa main. — Et Diana! et Joseph!

— Ils sont vivants! — Mais te voilà mieux maintenant, continua-t-il, et je puis m'expliquer avec toi. Il le faut, car le temps nous presse. Tu connoîtras plus tard les obstacles qui ont retardé ta délivrance. Aujourd'hui ce récit nous feroit perdre des instants trop précieux. Les espérances du monde se sont anéanties en peu de jours. Des succès brillants ont enivré les partisans et les armées de Napoléon. La cause de l'indépendance des peuples n'est pas perdue : elle ne le sera jamais sans doute; mais il n'est peut-être pas réservé à ma vieillesse de jouir de son triomphe. Ma tête et celle de Joseph sont menacées—mises à prix. A la première lueur de salut que j'ai reconnue pour lui, je me suis hâté de le faire transporter dans un lieu sûr d'où il regagnera notre Allemagne. Elle n'appartient pas encore tout entière au tyran. La *Torre Maladetta* ne peut manquer d'être incessamment investie; je ne devois pas la quitter tant que je ne t'avois pas rappelé à la vie. Le moment de nous séparer aussi est venu. Te sens-tu la force de partir ?

—Joseph ! mon cher Joseph ! il m'avoit dit que nous ne nous reverrions jamais !... Diana, mon ami, où est-elle?

— Diana vivra. Le temps, plus puissant que mes secours, la fera probablement sortir de l'état de mutisme et d'aliénation où elle est restée plongée jusqu'ici. Aucun mot ne s'est échappé de sa bouche, aucune émotion ne s'est peinte sur son visage, même quand la nouvelle femme de chambre que je lui ai donnée lui a présenté ce matin la robe de deuil qu'elle doit porter comme veuve et comme orpheline. Je comptois sur cette secousse ; je m'y étois confié en désespoir de tous les remèdes. Seulement, sur la proposition que je lui ai faite de se retirer, jusqu'à nouvel ordre, à l'*Annunziata* de Venise, où elle a des compatriotes, et, je crois, des parentes, elle a paru me répondre par un signe de consentement; et depuis, son agitation inquiète et empressée a manifesté souvent le besoin qu'elle éprouve de quitter cette tour qui doit lui rappeler de si affreux souvenirs. — J'arrive à ce qui te concerne personnellement. Le désir que Mario témoignoit de te revoir ici s'explique facilement par un récit que Solbioski tenoit de toi-même, et qu'il m'a communiqué hier. Le spectacle de ce qu'il appeloit son bonheur, l'infortuné jeune homme, était le moindre prix dont il pût reconnoître ta généreuse amitié. Un autre motif étoit venu se joindre à celui-là, si j'en juge par cette lettre de Chasteler, qui le charge de te faire savoir que ton mandat d'arrêt est levé en France, et que l'avis a dû en parvenir aux autorités vénitiennes. Aucun fait nouveau n'a pu te compromettre dès-lors, et rien ne s'oppose à ce que tu retournes enfin dans les bras de ton père. Ta sûreté l'exige comme ton bonheur ; car si tu étois surpris dans la *Torre Maladetta*, où des circonstances si cruelles ont dissimulé ton séjour, tu ne saurois échapper à la proscription qui frappe ses derniers habitants. — Je sais ce que tu veux me dire, mais cette preuve aveugle d'un dévouement inutile ne feroit qu'embarrasser notre malheur d'un malheureux de plus. Tu as d'ailleurs une mission plus sacrée à remplir aujourd'hui. L'état de Diana ne permet pas qu'elle soit abandonnée à elle-même pour gagner sa dernière retraite, et où pourrois-je, au milieu des tristes soucis que m'inspire ma propre famille, lui trouver un ami plus fidèle et plus sûr que toi? Cherche donc à reprendre des forces dans un repas plus abondant et plus solide, et dispose-toi à partir ce soir avec elle quand le soleil sera couché, pour que rien n'indique à la vigilance des espions l'endroit d'où tu seras sorti. Tu trouveras un bâtiment tout préparé à Porto-Gruaro, et Diana est attendue au couvent.

Maintenant, continua-t-il en me pressant dans ses bras, va, mon fils, et souffre que je m'occupe de mes pressantes dispositions sans attendrir notre séparation par de plus longs adieux. Tout vieux que je sois, je ne renonce pas à te voir encore ; mais, quoi qu'il arrive, conserve ton cœur à tes amis et ta vie à la liberté.

Aussitôt que la nuit fut entièrement tombée, et elle étoit obscure, car la lune ne brilloit plus, un domestique du docteur vint m'avertir que la voiture étoit prête, et me dirigea vers l'endroit où je devois la prendre. J'y montai, et je m'assis en face de deux femmes que je ne vis point. Deux heures après nous étions à Porto-Gruaro ; quelques minutes encore, et nous voguions sur les lagunes. J'avois offert ma main à Diana pour monter sur le bateau ; et sa main, fortement liée à la mienne, ne l'avoit point abandonnée. Elle ne parloit pas, mais elle soupiroit, rêvoit, et se rapprochoit quelquefois de moi en tressaillant, comme si elle avoit été saisie d'une peur subite. Cette scène est vague à ma mémoire, et cependant je ne me la rappelle jamais sans frissonner. Elle avoit quelque chose du trajet de deux ombres sur la barque des enfers, mais de deux ombres qu'un arrêt anticipé condamne à deux destinées différentes, et qui vont se séparer pour l'éternité. Je m'étois endormi toutefois enfin au bruit monotone de la rame, qui battoit les flots en cadence, et au chant mélancolique des bateliers.

Je ne m'éveillai qu'au mouvement des vagues qui annonçoit la pleine mer. Le soleil étoit plus beau que je ne l'eusse vu jamais, le soleil que j'avois cru ne jamais revoir. L'azur du golfe se dérouloit sous lui comme un autre ciel, et Venise, avec ses hauts frontons, ses tours, ses dômes et ses clochers, rayonnoit à son aspect comme si elle avoit été son palais. La plaine immense des eaux étoit comme un grand parvis de lapis au-devant de la cité miraculeuse. Je croyois sommeiller encore, car j'avois presque oublié de vivre et de jouir de ma vie. La main de Diana reposoit toujours dans la mienne; je me retournai vers elle pour savoir si elle partageoit mon enchantement, et si elle renaissoit ainsi que moi à cette brillante résurrection de la nature. Son regard sans mouvement n'exprimoit que le désespoir silencieux que j'y avois lu dans la *Torre Maladetta*. Je me rappelai que, parmi ces faîtes pompeux qui s'éclairoient tour à tour en passant du rose le plus tendre au vermillon le plus vif, et de cette nuance à celle du feu, illuminés comme pour un jour de joie, elle pouvoit reconnoître celui de la demeure de son père. Je me rappelai que moins de trois mois auparavant, le même bâtiment peut-être avoit sillé sur les mêmes flots, en la transportant éperdue d'amour sur le cœur de Cinci. Tout cela se représenta vivement à ma pensée ; je contins ma folle expansion ; je cessai d'être heureux et ravi, je retombai avec une angoisse inexprimable dans les tristesses du monde réel.

Ma main s'étoit relâchée, car je ne comprenois pas qu'elle eût été si long-temps entrelacée à ses doigts. Je ne sais si Diana m'entendit. Pourquoi pas? Il y a tant de choses dans ce langage! Mais elle me retint. Je la regardai, et je crus voir passer un sourire douloureux sur ses lèvres, comme un éclair sur un nuage.

Nous débarquâmes au milieu du peuple agissant et tumultueux des gens de mer.

— Hélas! dit un *nicolotto*[1] qui étoit debout

[1] On appelle *Nicolotti* les habitans d'un quartier de Venise occupé par les gens de peine. C'est notre faubourg Saint-Marceau.

sur le rivage en attendant un fardeau, — c'est la galiotte du brave Cinci, celle qu'il a donnée de ses deniers aux pauvres mariniers de Gruaro. Mais le brave Cinci n'y est plus!

— Tais-toi, lui dis-je de manière à couvrir sa voix, et en glissant un sequin dans sa main. Prends les paquets qu'on va te donner et porte-les à l'*Annunziata*, mais ne parle pas, sur ta tête.

— Heureusement, la vague attention de Diana étoit distraite alors par les soins empressés de deux converses qui l'attendoient depuis le point du jour, et qui n'avoient tari, les dignes filles, de glorifications sur sa piété et sur la sainteté de leur couvent, que depuis qu'elles avoient cru comprendre que Diana étoit folle et qu'elle étoit muette.

Elles marchèrent devant nous en faisant rouler sous leurs doigts agiles les grains polis du rosaire jusqu'au seuil de la sainte maison. La porte s'ouvrit, et on nous introduisit cérémonieusement dans le parloir.

L'abbesse étoit Françoise. Elle avoit été belle, parmi toutes les belles et jeunes femmes de l'émigration, et son nom, qui n'est plus écrit que sur une tombe, pauvre Claire!... suffiroit seul à sa gloire mondaine, si de telles vertus avoient encore quelque chose de commun avec le monde. Elle me prit les mains avec abandon, avec tendresse, quoiqu'il y eût d'autres sœurs présentes, parce que nous nous étions connus enfants.

— Je sais, cher Maxime, dit-elle, tout ce dont notre sœur bien-aimée vous est redevable. Vous aurez un jour votre récompense, mon fils, si vous la cherchez dans le ciel. — Adieu!

Pendant ce temps-là, Diana m'avoit regardé avec plus d'attention, comme si elle apprenoit seulement à me reconnoître, et puis elle s'étoit replongée dans sa pensée. Je m'éloignai lentement.

—Maxime! Maxime! s'écria-t-elle enfin d'une voix nette et forte, adieu, Maxime! adieu pour jamais!

Au même instant, deux portes se fermèrent : celle qui la cloîtroit dans cette maison d'asile et de paix, et celle qui me rejetoit pour y périr au milieu des troubles et des anxiétés de la vie.

Je marchois sous un soleil ardent, sans but et presque sans pensée. Mon front brûloit. Des idées confuses s'entrechoquoient dans mon esprit; mes jambes mal affermies se déroboient sous moi. Quand j'arrivai à mon hôtel ordinaire, je tombai d'accablement et de douleur, et je perdis connoissance.

Je passai les trois mois suivants dans les alternatives de délire et d'inertie morale d'une fièvre ataxique. Je n'ai su que depuis et par le rapprochement des dates combien cela devoit avoir duré. Je ne me rappelle rien.

Je me trouvai enfin en état de partir de Venise le 16 juillet. Mes forces étoient loin d'être rétablies; mais j'avois hâte de me soustraire aux cruelles impressions que tous les objets dont j'étois entouré renouveloient incessamment dans mon âme. Je sortis à dix heures, quoique l'embarcation ne dût être prête qu'à midi.

Je m'assis, selon mon ancien usage, au devant du café Florian, dans la galerie de la tour, et je demandai du chocolat.

Il y avoit foule à mes côtés; on lisoit les journaux avec empressement, et toute l'insouciance que pouvoit m'inspirer le profond affoiblissement de mes facultés ne m'empêcha pas de prêter à ce qui se passoit une vague attention. Depuis plus de cent jours, à cette époque mémorable où tous les jours fournissoient une page à l'histoire, j'étois aussi étranger aux événements de la terre que si la trappe de la *Torre Maladetta* ne se fût pas rouverte sur moi. Je savois tout au plus, par quelques paroles du docteur Fabricius, que les espérances de la liberté étoient à peu près perdues pour l'Allemagne comme pour la France, et je m'en souvenois par hasard.

Je jetai donc un regard sur la feuille : c'étoi *le Courrier de Trieste* de l'abbé Coletti.

On se rapprochoit à l'envi pour entendre les dernières lignes du *Bulletin*. J'écoutai.

« La victoire remportée le 6 courant à Wa-
» gram, par les armes de l'empereur, dit le
» lecteur italien avec son accentuation pitto-
» resque et sa déclamation mimique, a dé-
» truit pour toujours l'espoir des ennemis de
» la France et du genre humain.

» Jamais la magnanimité de S. M. I. et R.
» ne s'est manifestée avec plus d'éclat que

» dans cette occasion; elle a couvert de son
» indulgence les égarements des peuples. Les
» lois ne frapperont que les factieux.

» Le château où se rassembloient les cons-
» pirateurs, et qui appartenoit à Cinci, dit
» Marius, et surnommé *le Doge de Venise*, a
» été rasé. On a trouvé dans les souterrains
» une multitude de cadavres.

» Un infâme agent d'intrigues nommé Fa-
» bricius, mais dans lequel on croit recon-
» noître l'illuminé Hooschmann, complice
» d'Arndt, de Palm et de Chasteler, est par-
» venu à s'échapper jusqu'ici. On est à sa
» poursuite.

» La tête du lâche et hypocrite André Ho-
» fer est mise à prix. Ce monstre, couvert de
» crimes, ne se dérobera pas au châtiment
» qui lui est dû.

» Son secrétaire, Joseph Solbiesky, aven-
» turier bohémien, se disant Polonois, a déjà
» été saisi. Solbiesky est un bandit rusé, fé-
» roce et d'une force peu commune : il en
» sera fait prompte justice. »

— Solbioski, dis-je en moi-même, Solbioski féroce et rusé! et les misérables ne savent pas même son nom!

Je me mordois les poings de rage et de désespoir. Oh! pourquoi n'étois-je pas mort à la *Torre Maladetta!*

— Attendez, attendez, messieurs, dit le lecteur en souriant ; il y a un petit *post-scriptum* du rédacteur :

« Ce matin 13 juillet, à dix heures et demie
» précises, au bout de la pointe Saint-André,
» le traître Joseph Solbiesky a été fusillé en
» présence d'une population innombrable ;
» ce misérable a montré quelque courage. »

LE

NOUVEAU FAUST

ET

LA NOUVELLE MARGUERITE,

OU

COMMENT JE ME SUIS DONNÉ AU DIABLE.

LE
NOUVEAU FAUST

ET

LA NOUVELLE MARGUERITE,

OU

COMMENT JE ME SUIS DONNÉ AU DIABLE.

Ne vous effrayez pas, ames débonnaires et pieuses, du titre incendiaire de cette historiette.

Je vous atteste que je ne me crois pas damné,

et qu'il s'agit tout au plus ici d'un cas de conscience que le moindre *absolvo* du curé de votre village régleroit à l'amiable ; mais enfin je vieillis vite et bien vite, puisque le monde ne m'amuse plus ; et je ne suis pas fâché d'avoir le cœur net du dernier de mes scrupules.

Je confesse donc que j'ai eu deux grandes et puériles passions dans ma vie, et qu'elles l'ont absorbée tout entière.

La première des deux grandes et puériles passions que j'ai eues dans ma vie, c'étoit l'envie de me trouver le héros d'une histoire fantastique, de coiffer le chapeau de Fortunatus, de chausser la botte de l'Ogre, ou de percher sottement sur le Rameau d'or, à côté de l'Oiseau bleu.

Vous me direz que ce goût n'est pas excusable dans une créature intelligente qui a fait d'assez bonnes études ; mais c'étoit ma manie.

La seconde des deux grandes et puériles passions que j'ai eues dans ma vie, c'étoit l'ambition de faire, avant de mourir, quelque bonne histoire fantastique, bien extravagante et bien innocente, dans le goût de mademoiselle de Lubert ou de madame Daulnoy, parce que M. Perrault me paroissoit trop fort, et d'en amuser, au moins pendant quelques générations, une petite postérité d'enfants badins et joufflus, aux joues roses, à l'œil éveillé, qui se souviendroient joyeusement de mes inventions pendant les heures les plus rebutantes du travail, et même aux heures délicieuses où l'on ne fait rien !

Quant à l'autre postérité que vous savez, figure pâle, efflanquée, insignifiante, stupide, qu'on vous montrera au prochain salon, et qui tient suspendues, au bout de deux vilains bras, deux vilaines couronnes de lauriers en plâtre, je vous jure sur l'honneur que je n'y ai jamais pensé.

Quoi qu'il en soit, je ne saurois me dissimuler que ces deux frénésies ont singulièrement déteint sur ma vie réelle et sur mon triste métier de conteur de fariboles.

Il faut bien qu'il en aille ainsi.

Défense à moi de réciter un fait patent, un événement qui s'est passé *coràm populo, senatu et patribus*, une de ces histoires sur la sincérité desquelles on se donneroit au diable sans qu'on crie à la fantaisie.

Je parle de trois femmes charmantes que j'ai aimées en tout bien, tout honneur, et que j'ai vu mourir en quinze ans.

— Trois femmes mortes en quinze ans! mais c'est une fable à dormir debout! fantastique!

— Attendez, monsieur, s'il vous plaît! c'est que j'en ai aimé sept cents pendant ce temps-là, et cela rend un peu moins hyperbolique le chiffre de la mortalité.

D'ailleurs, je vous ai parlé à dessein et très-exclusivement de mes amours posthumes, parce qu'un autre genre de confidences auroit été de mauvais goût dans ma jeunesse, et que je ne suppose pas qu'on ait rien changé aux bienséances.

La pudeur de ces mystères ne s'affranchissoit de ses voiles qu'en prenant ceux du deuil et du veuvage, et c'est alors seulement qu'on permettoit à la douleur du survivant l'effusion respectueuse et délicate d'un sentiment longtemps caché!

— Eh bien, raison de plus! fantastique, morbleu! fantastique s'il en fut jamais!

Fantastique si vous le voulez : fantastique, puisqu'il le faut !

Hélas ! je ne demanderois pas mieux ; je voudrois bien en trouver dans mes souvenirs, du fantastique !

Eh ! que n'aurois-je pas échangé contre un peu de fantastique, surtout quand j'ai connu le vrai de ce monde, quand l'expérience me l'a fait percevoir et absorber par tous les pores?

Du fantastique, mon Dieu ! mais j'aurois donné dix ans de ma vie, et j'aurois fait un grand marché, pour la rencontre d'un sylphe, d'une fée, d'un sorcier, d'une somnambule qui sût ce qu'elle disoit, d'un idéologue qui se comprît ; pour celle d'un gnome aux cheveux flamboyants, d'un revenant à la robe de chambre de brouillards, d'un follet grand comme rien, du diablotin le plus succinct de corps et le plus pauvre d'esprit qui ait jamais grêlé sur le persil depuis le diable de Papefiguière.

Pas possible, monsieur ! s'il y avoit eu du fantastique à trois mille lieues à la ronde, il auroit été pour moi ; mais il n'y en avoit pas !

Et je ne sais ce qui seroit arrivé de ma foi poétique dans le monde merveilleux, si je n'avois cédé un jour à l'étrange idée que je vous disois, celle de me donner au diable.

C'est, à parler franchement, une résolution un peu dure, mais elle simplifie admirablement la question.

A l'époque dont je parle j'aurois été bien fâché de ne pas passer pour un mauvais sujet; d'abord parce que c'étoit la mode, et puis parce qu'il est agréable d'occuper les femmes qui ne s'occupoient jamais que des mauvais sujets.

Je m'étois donc fait mauvais sujet, et j'en avois pris les licences au grand regret de mon excellent père, qui payoit chèrement mes professeurs pour me faire prendre des licences plus honorables; mais je dois le dire tout de suite, afin de prémunir le lecteur contre l'infaillible dégoût qui s'attache à la renommée de Lovelace et de M. le chevalier de Faublas, oh! je n'étois rien de pareil; j'en avois bien garde, vraiment. Vous ne trouveriez pas dans toute mon histoire trois pages qui pussent faire envie aux bonnes fortunes de votre valet de chambre, si vous en avez un, ce que je ne vous souhaite pas, car c'est un grand embarras.

J'étois mauvais sujet sans préjudice de la morale et du sentiment, mauvais sujet timoré pour tout ce qui peut imposer le respect, pour tout ce qui peut effaroucher la bienséance, un de ces conquérants à l'amiable, qui ne tentent leurs invasions que dans les pays de bonne volonté.

Cependant on savoit que j'étois mauvais sujet, parce que j'étois mauvais sujet à découvert, libertin affiché, séducteur en titre de tout ce qui vouloit être séduit, et cela pour me faire honneur.

A cet énorme défaut près, j'ose dire que personne n'avoit des principes plus arrêtés sur les mœurs, et que je les portois en tout et partout à un degré d'observance judaïque, dont la combinaison, incroyable avec mes désordres expansifs, n'avoit pas de nom de mon temps.

On pourroit appeler cela maintenant de la débauche éclectique, un libertinage doctrinaire, mais ce n'est pas la peine, parce que cela ne se rencontrera plus; les jours sont devenus trop mauvais.

Pour faire comprendre ma philosophie, car c'étoit une philosophie si on veut, il faut mettre l'exemple à côté de la définition, et j'ai peur encore qu'on ne me comprenne pas.

L'idée de porter un moment de trouble dans un cœur innocent que la société me refusoit, l'idée de relâcher le moins du monde, par un effort criminel, un lien que la société avoit formé, auroit suffi à me faire subir une anticipation très-réelle des maux de l'enfer.

Je me serois sauvé de Clarens au premier sourire significatif de Julie d'Étanges, de peur de ses âcres baisers.

J'aurois laissé mon manteau dans les mains de la jolie épouse de Putiphar, eût-il valu celui d'Élie, par qui on devenoit prophète; mais rien ne m'arrêtoit pour goûter un fruit qui avoit perdu sa fleur, et qui étoit tombé de sa branche nourricière sans être recueilli par la main dédaigneuse du jardinier.

— Ma foi, disois-je, il est agréable et doux, et je le savoure sans en faire tort à personne.

De sorte que, si le maître s'étoit trouvé là

de fortune, j'aurois pu répondre à ses reproches : — Pardon, maître ! je ne maraude pas; c'est que je glane.

Et cette conviction m'avoit procuré l'inappréciable sécurité de cœur, qui est la première récompense de la vertu.

. Voilà précisément pourquoi j'étois alors un mauvais sujet, et ce qui m'avoit fait appeler *mauvais sujet* par excellence, comme un véritable prototype de l'espèce.

Je viens de dire de moi des choses si flatteuses, que j'ai quelque pudeur d'y ajouter encore.

Cependant, je me le dois à moi-même, comme on dit, pour l'exactitude de ce récit, qui est presque la seule chose du genre merveilleux que j'aie écrite : la seule chose merveilleuse, c'est une autre affaire, et cela dépend des goûts.

Le plus extraordinaire des résultats de mon système, c'est que j'avois fait des élèves parmi de bons et dignes jeunes gens de mon âge, nés avec une singulière aptitude à la perfectibilité, et que j'étois heureusement parvenu à détourner du crime par la facilité du vice, en attendant que mes leçons portassent de meilleurs fruits et les convertissent tout-à-fait.

Une vingtaine d'années après, c'étoient des hommes-modèles.

Le temps n'y a pas nui, mais c'est peut-être à moi qu'ils doivent de n'avoir point de remords, douce et précieuse allégeance pour leur vieillesse.

Je ne sais pourtant comment cela se faisoit, mais les femmes de bonne compagnie nous avoient en exécration.

Le premier de mes acolytes s'appeloit Amandus.

C'étoit mon lieutenant en pied, mon ménechme, mon *alter ego* dans toutes ces affaires de cœur où le cœur n'est pas intéressé, qui se multiplient par le seul acte de la volonté, qui se compliquent par les moindres condescendances de la politesse, et qui réduiroient un pacha sans auxiliaire à se rendre de guerre lasse en huit jours.

Amandus étoit à la vérité un joli garçon complet.

Avec une tournure à peindre, un jargon à étourdir, une suffisance accablante, il jouoit tous les jeux dans la perfection, et ne jouoit jamais sans perdre; montoit à cheval comme un centaure, et se rompoit quelque membre tous les mois; tiroit des armes comme Saint-Georges, et sortoit régulièrement de ses duels avec un bras en écharpe.

Héritier d'une assez belle fortune, il l'avoit dissipée en six mois, ce qui prouve beaucoup d'esprit, et il trouvoit encore des dettes à faire, ce qui en prouve bien davantage.

Enfin il n'y avoit qu'un cri sur son compte quand il traversoit un salon; c'est qu'Amandus étoit charmant.

Amandus n'avoit pas le sens commun.

L'excellente éducation d'Amandus avoit été négligée sur un point que certains esprits routiniers tiennent pour capital.

Il y a des taches dans le soleil.

Soit incapacité, soit préoccupation, Amandus n'avoit jamais pu apprendre à écrire.

J'incline à croire que c'est parce qu'il n'en sentoit pas la nécessité, et ce dédain cache une idée bien philosophique.

Ce n'est pas qu'Amandus n'eût écrit, s'il

avoit voulu, mais il auroit mieux valu qu'il n'écrivît point.

Ce n'est pas qu'Amandus n'eût une orthographe à lui, tant s'en faut !

Elle étoit si bien à lui que personne n'avoit rien à y prendre : à y reprendre, je ne dis pas.

Si je vous disois que c'étoit l'orthographe de M. Marle, qui sera l'an prochain celle de l'Académie, vous me répondriez sans doute qu'il n'y a pas grand mal à écrire comme l'Académie, surtout si vous êtes de l'Académie, comme cela peut arriver à tout le monde ; mais ce n'étoit pas l'orthographe de l'Académie, c'étoit l'orthographe d'Amandus, une orthographe miraculeuse !

Amandus s'étoit avisé, au contraire de M. Marle, que le génie de l'écriture consistoit à déguiser le mot parlé sous toutes les figures qu'il avoit vues éparses dans son syllabaire.

A lui, sur tous les articles, sur tous les pronoms, sur toutes les particules, toutes les lettres parasites de la dernière personne du pluriel des verbes; à lui l'accent sur les lettres muettes ou atoniques; à lui le tréma sur les diphthongues, à lui l'apostrophe au milieu des mots, à lui de belles majuscules ornées, et des virgules, bon Dieu, des virgules partout! jamais on n'a vu tant de virgules! — Dans les habitudes de l'amour vulgaire dont j'ai parlé, cela ne tiroit pas à conséquence; la plupart de nos héroïnes ne savoient pas lire, mais si elles avoient su lire, elles auroient été dans un cruel embarras!

Il y avoit cependant des occasions difficiles, des chances de notabilités galantes, dans lesquelles je devenois d'un immense secours avec mon orthographe triviale que je n'avois pas jugé à propos d'enrichir de toutes ces magnificences.

Le seul des amis d'Amandus qui lui fût resté fidèle depuis qu'il étoit ruiné, je me dévouai bravement à l'interprétation de ces hiéroglyphes dont l'impénétrable obscurité feroit tressaillir l'ombre savante de Champollion.

Je venois de quitter l'hébreu, je me mis à l'Amandus; je réussis à le lire assez couramment au bout de trois ou quatre mois, et je me hasardai enfin à mettre mes propres idées à la place, quand un texte scabreux et rebelle déroutoit mon érudition ou fatiguoit ma patience.

Les traducteurs prennent souvent le même parti quand ils n'entendent plus leur auteur.

Amandus, dépouillé de son luxe grammatical, copioit ensuite mot pour mot et lettre pour lettre, comme l'Homère de l'anthologie sous la dictée d'Apollon.

La comparaison est un peu fière, mais elle n'est pas trop disproportionnée.

Ce temps, je l'avouerai, ne fut pas perdu pour mes études, car j'appris ainsi à tourner convenablement une lettre d'amour, et je m'étois obstiné jusqu'alors à n'en pas écrire une seule.

Les écrits restent.

Nous ne fréquentions pas ce qu'on appelle la mauvaise société, mais la nature de nos occupations nous conduisoit rarement dans ce qu'on appelle la bonne.

Voyageurs nomades au milieu de la vie, nous plantions tous les soirs notre tente aventurière entre deux mondes auxquels nous participions également, retenus au premier par les liens de l'éducation et de l'habitude, rappelés à tout moment vers le second par des plaisirs commodes et des conquêtes sans alarmes.

Si la topographie de ce double hémisphère ne vous est pas exactement connue, j'aurai l'avantage de vous apprendre que le point contingent en est occupé par le théâtre, et pour mieux caractériser la localité, par la galerie des premières dans les bonnes villes de province.

A peine la toile étoit levée d'une part qu'une douzaine d'yeux noirs ou bleus—je parle des scènes d'ensemble—venoient nous chercher sur notre divan, et nous accueillir de délicieux reproches et de séduisantes promesses.

Le regard furtif d'une beauté qui soupiroit *à la canonnade* avant de faire son entrée, nous épioit en tapinois derrière le *manteau d'Arlequin*, ou jaillissoit par éclairs à travers les énormes bâillements d'un châssis mal ajusté, entre deux touffes de roses en toile peinte.

Elle entroit enfin en déployant les richesses

d'un gosier de rossignol, ou de tout autre gosier qu'il vous plaira de mettre à la place de celui-là.

Elle entroit aux murmures flatteurs d'une assemblée qui sembloit n'applaudir que pour nous, car nous remportions la moitié de toutes les ovations.

Il me semble que nous avions aussi quelquefois notre part dans les sifflets, mais il faut savoir s'accommoder aux circonstances.

Je me crois même sûr que j'étois de nous deux le plus intéressé dans les disgrâces, parce que mon caractère impatient et mobile me rendoit fort chanceux; mais nous partagions en frères, Amandus et moi, et nous ne comptions pas.

Il me souvient, sans aller plus loin, que ma mauvaise destinée m'avoit imposé ce mois-là une Dugazon de cinq pieds sept pouces et d'un embonpoint à l'avenant, mieux taillée pour le frac surdoré du tambour-major des Suisses que pour le corset des bergères. Quand elle jouait Babet,—tudieu, quelle Babet!—et qu'il lui arrivoit de me foudroyer d'une œillade aimable, en fouillant un panier de vilaines fleurs avec de grosses mains, et en chantant d'une voix heureusement plus déliée que sa formidable personne,

<blockquote>C'est pour toi que je les arrange.....</blockquote>

oh! vous pouvez m'en croire! j'aurois béni le poignard bienfaisant qui seroit venu me percer le sein!

Mais qu'y faire?

C'étoit une des conditions essentielles de mon bonheur, parce que c'étoit une des sauve-gardes inexpugnables de mon innocence.

J'ai oublié de dire qu'elle étoit fort laide, mais elle louchoit horriblement.

L'autre partie du monde étoit dans les loges, et ceci est fort clair si l'on a eu la complaisance de suivre ma métaphore.

Les loges, notre moralité nous défendoit d'y regarder, mais non pas d'y voir, et à force d'avoir vu ce qui est bon à voir, on y regarde.

C'est qu'il y avoit alors dans une des loges de ce petit théâtre d'une petite ville, et je ne vous dirai pas au juste quelle ville c'étoit, sinon que vous êtes parfaitement libre de la chercher à l'ouest, il y avoit, dis-je, dans la troisième loge de droite une de ces figures d'ange qui font damner les hommes et rêver les saints.

Je ne sais pas peindre, mais vous peignez à merveille quand vous avez une palette.

Mettez seize ans, une taille de roseau, une peau blanche et cependant animée, sous laquelle le sang circule comme un esprit de vie, colorant tout et ne rougissant rien, des cheveux blonds qui se floconnent comme une vapeur sur des épaules où le regard coule comme feroit la main; relevez cela de je ne sais quoi de pur et de céleste qui ne peut pas se décrire, de traits qui auroient forcé le sculpteur de la Vénus à se couper la gorge avec son ciseau, et d'un regard large et bleu qui enchante comme le ciel, et qui brûle comme le soleil, vous n'aurez pas d'idée de la millième partie des perfections de Marguerite.

Marguerite avoit perdu fort jeune son père et sa mère.

La pauvre petite étoit restée avec quatre-vingt mille francs de rentes aux soins d'une tante maternelle, veuve encore agaçante, qui passoit de si peu la quarantaine que ce n'est pas la peine d'en parler, et qu'on n'accusoit pas d'être insensible aux soupirs d'un cœur bien épris.

Je m'en étois trouvé très-vivement et même très-significativement amoureux un ou deux ans auparavant—c'est de la tante que je parle—et cela m'avoit coûté je ne sais combien de mortelles heures de projets, d'angoisses et d'espérances, mais sans autre résultat, parce que cette passion m'étoit justement survenue la veille du jour auquel remonte l'ère mémorable de mes amours philosophiques.

Depuis, je n'y avois pas pensé une fois, même dans ces moments extatiques où l'âme se berce entre deux sommeils, et mon imperturbable mémoire, si fidèle au nom des mouches et des papillon, auroit peut-être perdu jusqu'au nom de la tante, si la tante n'avoit pas eu de nièce.

Je n'ai pas besoin de dire que l'âge et l'innocence de cette charmante enfant—c'est de la nièce qu'il est maintenant question—jetoient entre elle et moi un espace infranchissable.

Quatre-vingt mille francs de rentes, c'étoit bien pis! j'en avois à peine le capital en passif.

— Tu manques à nos conditions, me dit un jour Amandus, tu regardes aux loges!

— Comme les enfants morts sans baptême regardent le ciel depuis les limbes, lui répondis-je, et sans appeler de si haut un regard pour un regard.

D'ailleurs, j'ai mes raisons, et je ne t'en fais pas mystère.

Le temps marche impitoyablement, pendant que nous croyons éterniser le présent dans quelques heures de folie ; et, tout jolis garçons que nous voilà, nous risquons fort de vieillir aussi bien que les sept sages de la Grèce.

Tu as encore en perspective une assez douce vie à couler entre les aimables loisirs de la paresse et le galant exercice de la chasse au renard dans les halliers de la Vulpinière, si ton oncle, désarmé par une conduite plus exacte, veut bien te laisser à sa mort, qui ne se fera pas attendre long-temps, son castel délabré, son colombier et ses broussailles.

Moi, je n'ai ni oncle, ni castel, ni colombic., ni broussailles, ni renards en espérance : trop heureux quand mes créanciers se seront partagé mes tristes dépouilles, de trouver un public d'assez bonne composition pour lire mes romans, et surtout pour les acheter !

J'ai donc besoin de m'inspirer de quelque type qui vive à jamais dans mes souvenirs, de rêver, de caresser, de nourrir dans ma pensée quelque adorable figure, et, quand je la rencontre, je la prends.

— La petite Marguerite, dit Amandus, en épanouissant son binocle et en le tournant effrontément sur cette figure divine devant laquelle ma paupière s'abaissoit d'admiration et de respect.

C'est qu'elle est véritablement angélique, divine, presque inimaginable, une apparition, un phénomène.

Ravissant privilége de l'innocence ! étrange sympathie des belles ames !

Hélas ! mon vertueux ami ! quelle perle, quel diamant dans un comptoir de modistes ou dans un groupe de figurantes !

La fortune aveugle a tout gâté, mais elle n'en fait jamais d'autres.

Il faut avouer que la destinée fit une sottise bien amère de jucher ce minois délicieux dans un carrosse, au lieu de nous le montrer ce soir entre deux quinquets dans la coulisse des soupirs. —

Je frissonnai d'indignation....

La coulisse des soupirs étoit la quatrième à gauche.

— Eh bien, inspire-toi, reprit Amandus en appuyant sa tête sur mon épaule, et en s'étalant sur la banquette, à mon grand scandale, car Marguerite pouvoit nous voir.

— Inspire-toi de Marguerite, si cela te convient, car j'ai plus affaire que jamais de tes inspirations.

Fais des romans, Maxime, fais des romans !

Le mien, si je ne me trompe, touche à un dénouement heureux.

Mon oncle ne manque pas de bonne volonté pour moi, et je le sais décidé à m'assurer sa mince fortune le jour où je ferai mon premier acte de sagesse en me mariant honorablement.

— Te marier honorablement ! m'écriai-je.

Y penses-tu, Amandus? penses-tu à te marier?

— Pourquoi pas? continua-t-il avec un éclat de rire. Me crois-tu incapable d'une idée grave et d'une ferme résolution? — Mon Dieu, qu'Aglaé est mal faite aujourd'hui, et que sa toilette de mauvaise grâce est convenablement assortie à ses minauderies d'éléphant! — Il faut faire une fin, Maxime, une fin raisonnable, une fin sérieuse et très-sérieuse, quand on n'a plus d'argent.

C'est l'avis de mon oncle et celui de la sagesse. Tu ne sais pas, toi, ce que c'est que la sagesse, mais cela te viendra. — Tiens, voilà qu'elle chante faux, maintenant! — Inspire-toi donc pour me tourner une petite déclaration bien expresse, bien passionnée, bien sincère; un aveu sans détour de mes foiblesses, de mes erreurs, de tout ce que tu voudras; je n'y regarde pas. Taille, tranche, augmente si tu peux, retranche si tu l'oses! Tu es ma conscience, tu es mon cœur, tu sais tout ce qui repose de tendresse et de bons sentiments dans ce sein fraternel qui bat contre le tien! — Remarques-tu cette possédée de Laure qui ne m'a pas perdu de vue de la soirée.... mais elle a beau se pincer les lèvres! il lui manque deux dents.

— Encore seroit-il à propos, repris-je sans avoir égard à ses digressions, que j'eusse quelqu'idée de l'heureuse fille qui a fixé ton choix, pour assortir ma correspondance aux convenances de ta proposition. *Est modus in rebus; sunt certi denique fines*.....

Et puis je ne devine pas....

— Il n'y a ni finesse ni rébus, Maxime; et si tu devinois, tu en saurois vraiment plus que moi sur l'avenir où je me précipite la tête baissée pour me sauver du présent.

Si tu devinois, je te prierois de me dire à qui je pense, et quel est l'objet auquel le premier de mes amours raisonnables s'est attaché.

Je ne te demande pas de deviner, de par tous les diables! je te demande une circulaire gracieuse et formaliste en beaux termes, comme *Télémaque* ou *la Princesse de Clèves*, qui puisse s'introduire sous l'adresse de tout le monde, un passe-partout épistolaire, un extrait de ton invention que je me hasarde à jouer à la loterie du mariage. Parle de candeur, de vertu, de beauté; ne te mêle pas de la couleur des cheveux, parce que cela pourroit nous faire tomber dans quelques méprises. Je copierai tout avec exactitude; la poste et mon étoile se chargeront de mes espérances, et mon digne oncle, qui veut absolument que je prenne une femme, n'aura rien à me reprocher quand je pourrai lui démontrer que j'ai été refusé par cinquante. — Ou bien il en viendra deux, trois, une douzaine, je ne sais combien; et alors tu choisiras tout de suite après moi, mieux que moi, peut-être! tu as la main si heureuse! —

Le traître! Aglaé chantoit cependant!

— Moi! laisse donc, répondis-je avec aigreur, je n'ai pas le domaine de la Vulpinière!

—Eh quoi! cette foible espérance te tiendroit-elle à cœur? je vais la jouer contre ton cheval ou contre Aglaé, à la première rafle.

— J'ai vendu mon cheval hier; je te donne Aglaé ce soir, si tu la veux; quant à la lettre, je la ferai si j'y pense. —

La correspondance alla son train, car, à ma grande surprise et à celle d'Amandus sans doute, il n'en fut pas pour les frais de son initiative.

Je ne jugeois pourtant de ses progrès que par ses importunités, car il étoit devenu discret, et je n'ai jamais été curieux.

Quand nous en fûmes aux grands parens, je tombai de mon haut.

Les difficultés ne procédoient plus que d'eux, et je m'abîmois dans l'idée qu'il se fût trouvé une femme assez intrépidement résolue pour croire aux incroyables serments d'Amandus.

Nous allions encore au spectacle, mais très-rarement; Amandus surtout, qui commençoit à garder, suivant sa promesse, un certain quant à soi fort respectable.

J'étois malheureusement retenu comme on sait par un autre lien; ma colossale bergère n'avoit pas encore enfoncé les planches, et il ne s'étoit pas rencontré d'homme assez hardi pour me débusquer, quoique ce fût un beau temps de passage pour la cavalerie.

Je ne me sentois pas d'aise à l'arrivée d'un régiment de dragons, tout brillant d'épaulettes, de poussière et de gloire, dont les chevaux piaffoient sous sa fenêtre.

Vaine espérance ! les hussards les suivirent, et ces papillons de plaisir et de guerre qui butinent partout ne daignèrent pas effleurer Aglaé d'un coup d'aile.

Je comptai inutilement sur le courage éprouvé des cuirassiers : Aglaé conserva dans cette longue épreuve tous les honneurs d'une fidélité sans nuages et en fit valoir tous les droits. C'étoit une femme inexpugnable, une constance à faire mourir. Sa vertu est de toutes les contrariétés que j'ai subies en amour celle qui m'a donné le plus d'envie de me brûler la cervelle.

Je ne cherchois qu'un prétexte pour m'exiler à jamais du monde, et ce fut le plus pur de mes sentiments moraux qui me le fournit, au moment où je m'y attendois le moins.

J'avois déjà remarqué que Marguerite faisoit plus d'attention à nous que je ne l'aurois voulu.

Cette préoccupation avoit même pris depuis quelque temps un caractère qui m'inquiétoit, l'expression d'un intérêt affectueux, d'une sensibilité rêveuse, de ce je ne sais quoi de vague, de tendre et d'idéal qui annonce au front pudique d'une jeune fille le développe-

ment d'un penchant secret. — « Infortune et
» désolation, me dis-je en moi-même! serois-
» tu condamnée par ta mauvaise étoile, pau-
» vre et gracieuse enfant, à aimer l'un de nous
» deux? Ah! je ne serai du moins pas complice
» de sa rigueur! Le temps des examens va
» venir, et je n'ai pas ouvert un livre pour
» m'y préparer. Eh bien! je renonce pour le
» travail à toutes ces déceptions passagères
» qu'on appelle des voluptés! Je lirai, s'il le
» faut, les dix volumes de Jacobus Cujacius
» dans l'édition d'Annibal Fabroti, *cum*
» *promptuariis;* je les lirai—*horresco referens*
» —avant de m'occuper d'une femme, et j'en
» prends à témoin l'ombre de Justinien! »

Là-dessus, je sortis de la salle, et je rentrai chez moi pour expédier un congé définitif à Aglaé.

Je n'ai pas besoin de vous dire que cette résolution m'affranchit d'un grand fardeau.

Il y avoit probablement une assurance persuasive dans la communication que je fis le lendemain à mon père de ce nouveau plan de vie, car il me fit présent à l'instant, pour reconnoître mes sacrifices, de sa bibliothèque tout entière, et du joli pavillon qui la contenoit.

C'étoient les deux choses qu'il aimoit le mieux après moi.

Je passai le jour à y disposer tout ce qui pouvoit servir à mes études ou embellir mon exil volontaire, et je m'aperçus, à la satisfaction dont me comblèrent ces soins agréables, que le bonheur avoit plus d'un aspect.

Que dis-je! le bonheur pur d'une âme contente d'elle-même l'emporte sur nos bonheurs imaginaires par sa durée comme par son objet.

Je fus heureux jusqu'au soir : il ne m'en étoit jamais tant arrivé.

Le soir je bâillai; je regardai vingt fois à ma montre dans dix minutes; le premier coup d'archet de l'orchestre me poursuivoit; le bruit presque aussi discord des loges ouvertes et fermées retentissoit dans mon oreille; mes narines sollicitoient en vain dans un air, hélas! trop pur, le maussade arome qui se compose de la vapeur des lampes fumantes et de l'exhalaison des essences.

Je demandois le délicieux regard de Marguerite à tous les attiques, à tous les lambris ; je le demandois à toutes les tablettes de ma bibliothèque, et mes yeux ne rencontroient que le Jacobus Cujacius d'Annibal Fabroti.

« Je serois curieux, m'écriai-je enfin, de
» savoir si ses regards étoient pour lui—ou
» s'ils étoient pour moi,—et comme il a em-
» prunté ce matin une chaise de poste, il faut
» bien qu'il soit en voyage.

» Une meilleure occasion d'éclaircir mes
» doutes ne se présentera jamais, et je n'en
» serai que mieux confirmé, quel que soit le
» résultat de cette épreuve, dans les raison-
» nables desseins que j'ai formés.

» Je travaillerai demain ! »

Cette fois-là je n'eus pas à m'y tromper : je vous le déclare avec toute la suffisance que peut inspirer à un sot la plus inespérée des aubaines de l'amour : ces regards, ils étoient pour moi, pour moi seul ! Vous me direz que j'étois seul, et que, semblable à ce fossile merveilleux dont les pores amoureux de la lumière en recèlent encore quelques pâles atomes long-temps après le coucher du soleil, je n'étois peut-être pour Marguerite que la pierre de Bologne d'Amandus.

Cette idée ne me vint pas ; et puis, d'ailleurs, si je m'y connoissois, et quel homme ne croit pas s'y connoître, il y avoit dans l'expression intelligente et significative de cette physionomie céleste une pensée qui ne pouvoit se rapporter qu'à moi, et qui n'attendoit que de moi l'échange d'une pensée.

J'essayai, je frémis de comprendre, je m'armai d'un courage héroïque, et je m'enfuis la mort dans le cœur, à force de me croire heureux !

— Non, non, Marguerite ! je ne violerai pas le sanctuaire de ton ame innocente pour y allumer ou pour y entretenir une passion qui nous perdroit tous les deux !

Non, je ne transplanterai pas dans le stérile désert de ma vie ta tige si fraîche et si délicate avec ses fleurs embaumées !

Et cependant quel autre que moi t'aimera comme tu dois être aimée !

J'aurois été l'autel de tes pieds, la harpe de tes soupirs, le vase de tes parfums ! j'aurois brûlé devant toi comme l'encens ! je me serois anéanti dans un rayon de tes yeux comme une goutte de rosée dans les feux du midi!

— Oh! ne crois pas que j'eusse dénoué les cordons de ta robe virginale avec des mains d'homme! je me serois purifié au cratère d'un volcan avant d'approcher de toi, et mes lèvres elles-mêmes ne se seroient collées à ton sein qu'à travers un voile, de crainte de le profaner...

Mais tu es riche, Marguerite, et il n'y a point d'événement possible qui puisse te dépouiller assez complétement de tant de biens inutiles pour te réduire à l'égal de ma fortune! Tu ne serois encore que trop au-dessus d'elle et trop digne des rois!...

Non, Marguerite, non, je ne vous reverrai jamais..... — à moins que le diable ne s'en mêle. —

En finissant cette apostrophe poétique, dont la fin triviale gâte un peu le commencement, je tombai d'accablement dans mon fauteuil, qui étoit par bonheur souple, élastique et profond.

Dine alluma sur mon bureau trois bougies,

luxe inaccoutumé de mes nuits, qui me témoignoit par une preuve de plus la satisfaction de ma famille, et je restai livré à ma studieuse solitude.

Je me penchai un moment sur mon balcon.

Le ciel étoit limpide comme un lac, émaillé comme une prairie.

On entendoit à peine le souffle de l'air dans les rameaux de mes jeunes arbres, et il sembloit ne les traverser, en se jouant, que pour en rapporter des émanations suaves.

Le rossignol chantoit dans le lointain; les phalènes bruissoient doucement en voletant sous les feuilles.

C'étoit une belle soirée pour un autre amour que celui qui m'étoit connu, un magnifique empyrée dont j'aurois voulu parcourir les sphères innombrables avec la rapidité des feux qui s'y croisoient de toutes parts, mais dont mon âme ne pouvoit pas plus sonder la profondeur que mes yeux.

Je fermai tout pour me délivrer de ces distractions immenses, et je m'assis, dans l'intention de me mettre tout de bon à la besogne, après avoir laissé tomber un dernier sourire de satisfaction sur l'admirable ordonnance de mon cabinet.

Sa description n'est pas moins nécessaire ici que la carte du Latium à l'Énéide de Virgile.

Mon père avoit fait construire ce pavillon, dans des temps plus heureux, entre sa cour et son jardin, au-dessus d'une vaste allée-cochère, qui auroit pu aisément remiser dans ses flancs spacieux le cabriolet que je n'eus jamais.

Tout le bâtiment ne contenoit qu'une longue chambre en parallélogramme, éclairée à l'est et à l'ouest par des fenêtres ogives, et qui s'ouvroit au midi sur un jardin de peu d'étendue, mais assez bien conçu dans sa distribution.

Ce point étoit le seul par lequel on pût arriver à ma chambre, soit qu'on y vînt de la cour, soit qu'on y entrât du jardin, ce qui n'étoit pas difficile, son étroite enceinte communiquant de toutes parts et par des portes toujours ouvertes aux larges enclos de nos voisins.

C'étoit entre d'excellents vieillards, accoutumés à se voir depuis l'enfance, le rendez-vous philosophique d'Académus et de ses amis.

Le double escalier tournant qui conduisoit au balcon n'avoit pas plus de six degrés, parce qu'il s'élevoit d'une terrasse.

Le second des côtés étroits du carré long qui faisoit face à l'entrée étoit occupé par mon lit, couchette modeste de l'étudiant, autour de laquelle s'arrondissoit en cloche le rideau blanc aux longs plis, passé sur une flèche dorée.

Tout le reste de l'intérieur des murailles n'offroit rien à l'œil qui ne fût le dos d'un vieux livre.

Ma table noire, taillée, dans une plus petite proportion, sur la même figure que ce petit édifice monoïque dont le souvenir me charme encore, en formoit le juste milieu; mais il restoit toute la place nécessaire pour circuler commodément autour d'elle, et pour en mesurer les quatre faces en vingt-quatre ou vingt-cinq pas, dans un espace de temps qui se précipite et se ralentit tour à tour, au gré des émotions du promeneur.

J'y fis bien du chemin ce jour-là.

Toutefois je m'assis, et, jetant négligemment la main derrière moi à la tablette où s'appuyoit mon fauteuil, j'essayai d'en tirer le premier volume du beau *Traité de la procédure civile*, par Robert-Joseph Pothier, et je ramenai devant moi l'*Histoire des apparitions* de D. Calmet, qui est, comme tout le monde le sait, un des meilleurs recueils de facéties infernales qu'on puisse lire.

La page étoit curieuse.

Je tournai six fois le feuillet.

« Quelle misère, pensai-je enfin, qu'un
» homme aussi docte ait pu donner à plein
» collier dans de pareilles balivernes, comme
» une vieille femme de village, qui rêve es-
» prits et démons en ramassant des feuilles
» mortes et quelques bouts de ramées à la li-
» sière des bois!

» Je voudrois bien vraiment que le diable
» m'apparût, et il ne tient qu'à moi de l'évo-
» quer, puisque j'ai ici la *Clavicule du roi*
» *Salomon* et l'*Enchiridion de Léon pape* en
» manuscrit authentique, héritage précieux
» d'un dominicain de notre famille, qui s'est

» servi mille fois de ce grimoire pour la déli-
» vrance des possédés.

» La conversation du diable en personne
» naturelle seroit aussi amusante et aussi in-
» structive, si je ne me trompe, que celle de
» Pothier et de Cujas; et s'il est difficile d'ob-
» tenir de lui cette faveur qu'Agrippa et Car-
» dan payèrent un peu cher, elle mérite au
» moins d'être tentée par un esprit résolu. »

Cela dépendoit en effet d'un simple acte de ma volonté; car j'avois justement ce méchant grimoire sous les yeux, entre mon écritoire et mon sablier.

Je ne sais qui diable l'avoit mis là.

J'allongeai sur lui des doigts tremblants, comme si le seul contact du parchemin éraillé avoit dû faire passer dans mes sens quelque influence de malédiction.

Il n'étoit que froid, sale et grippé.

Je développai ses huit plis sans qu'il s'en exhalât le moindre atome de soufre ou de bitume brûlant.

La terre ne tressaillit point; la flamme de mes bougies continua de reposer calme et blanche sur ses lumignons bleus; mes volumes inébranlables restèrent endormis sous les doctes tissus de leurs araignées bibliophiles.

Je m'enhardis, j'essayai de lire, je lançai à haute voix dans l'air les formules solennelles de l'esprit de Python, dont je commençois à être animé, jusqu'à en faire résonner mes vitres innocentes, qui n'avoient jamais vibré sous de telles paroles.

— Mais c'étoit bien un autre grimoire que je ne l'avois pensé.

Je n'avois pas parcouru douze lignes du livre fatal que je me trouvai arrêté par des signes inintelligibles et vraiment diaboliques, par des symboles impénétrables et par des lettres innommées dans les alphabets de la terre, qui me coupèrent la parole.

Un autre auroit perdu courage à l'aspect de ces monogrammes hétéroclites, de ces hiéroglyphes de l'autre monde, qui pouvoient bien n'être, au bout du compte, que le caprice d'un charlatan de copiste.

Imprudent, mais décidé, je me campai fièrement parmi mes bougies, en m'écriant d'une voix énergique :

« Venez à moi, saint et crédule Sperberus,

» savant Khunrath, immortel Knorr von
» Rosenroth! et toi, bon Gabriel de Col-
» lange, qui usa jadis une si digne vie à te
» rendre l'indéchiffrable traducteur de l'in-
» déchiffrable Trithème! Venez, et dévelop-
» pez-moi ces mystères dont l'ignorance seule
» peut s'effrayer!... »

Le diable ne bougea pas plus qu'auparavant, car il faut que j'en avertisse mes lecteurs : ce ne sont pas des noms de démons que je viens de prononcer ; ce sont tout bonnement des noms de cabalistes.

Pour la première fois peut-être, ces braves auteurs virent flotter leurs signets jaunis sur des pages exposées au jour des flambeaux, et dont les angles rompus avoient vieilli sur la poussière.

Je ne me sentis pas de surprise en comprenant, à travers ce long labyrinthe d'une folle science, tout ce qu'il avoit fallu de loisir, de patience et surtout de bonne volonté, pour retrouver tant de langues perdues, sans en excepter celle des anges, qui est la plus sûre ; mais la besogne ne m'épouvante pas quand elle m'amuse.

Je vins à bout de celle-là en vingt minutes, qui suffiroient pour savoir tout ce qu'il y a d'utile à savoir si on les employoit bien.

Je déclamai le grimoire nettement, et, j'ose le dire, sans fautes.

Minuit sonna comme je finissois, et le diable, qui est essentiellement rebelle, le diable ne vint pas.

Le diable vient fort rarement; il ne vient même plus sous la figure que vous savez, et cependant il ne faut pas s'y fier; car il a tout l'esprit nécessaire pour en prendre de plus séduisantes, quand il est bien sûr d'avoir quelque chose à y gagner.

« Il faut convenir, dis-je en me replon-
» geant dans mes coussins, que j'ai joué gros
» jeu à cette expérience d'étourdi.

» Quel embarras pour moi s'il m'étoit ap-
» paru en me demandant, suivant l'usage,
» d'une voix creuse et terrible, ce que j'exi-
» geois de lui? On ne l'appelle pas impuné-
» ment. Ses questions veulent des réponses, et
» c'est une adverse partie dont on ne se dé-
» barrasse pas comme d'un plaideur mala-

» droit, avec quelque méchante fin de non-
» recevoir.

» Quelle grâce aurois-je essayé d'impé-
» trer de sa noire puissance, en échange de
» ma pauvre âme que j'avois jetée sur le tapis
» de la damnation, ainsi qu'un enjeu de peu
» de valeur?

» De l'argent? A quoi bon?

» Les cartes m'ont été si favorables cette
» semaine, que le prix de mon cheval s'est
» presque décuplé dans ma bourse; une pièce
» d'or de plus n'y tiendroit pas, et je paye-
» rois trois de mes créanciers, si je le vou-
» lois.

» Du savoir?

» J'en ai plus qu'il ne m'en faut, sans va-
» nité, pour mon usage particulier, et les
» honnêtes gens qui ont la bonté de prendre
» un peu d'intérêt à mes succès à venir ne se
» gênent pas de prédire qu'il répandra sur
» mes ouvrages, si j'en fais jamais, un vernis
» pédantesque d'assez mauvais goût.

» Du pouvoir?

» Dieu m'en préserve! on n'arrive à en ob-
» tenir qu'au prix du repos et du bonheur.

» Le don de prévision, peut-être?

» Avantage fatal, qu'il faut payer de toutes
» les douceurs de l'espérance et de toutes les
» délices de l'incertitude! le vague de la vie,
» voilà ce qui en fait le charme!

» Des femmes et des aventures?

» Ce seroit abuser de sa complaisance; le
» pauvre diable ne s'est que trop bien exécuté
» sur ce chapitre-là.

» — Et cependant, continuai-je en som-
» meillant à demi, s'il m'avoit présenté cette
» jeune Marguerite, si fraîche, si déliée, si
» blonde, si rosée...

» Diable! c'est une autre paire de manches,
» comme disoit M. de Buffon....

» Si Marguerite, émue, palpitante, un peu
» décoiffée, une mèche de cheveux pendante
» sur le sein, et le sein presque affranchi
» d'un fichu mal attaché....

» — Si Marguerite, la belle Marguerite,
» avoit tout à coup monté mon escalier d'un
» pas furtif; si, arrivée à ma porte, elle y
» avoit frappé d'une main timide, qui désire
» et qui craint d'être entendue, trois petits
» coups discrets... tac, tac, tac!... »

Je dormois à moitié, comme on sait, et je répétois vaguement... tac, tac, tac... en m'endormant tout-à-fait.

— Tac, tac, tac... — Ceci, ô merveille incompréhensible! ne se passoit plus dans les ténébreuses régions de ma pensée assoupie.

Je le crus cependant un moment; je me mordis les doigts jusqu'au sang pour m'assurer que je veillois.

— Tac, tac, tac... — On a frappé, m'écriai-je en grelottant de tous mes membres.

Ma pendule sonna une heure.

— Tac, tac, tac... — Je me levai, je marchai précipitamment; je rappelai, je recueillis mes esprits épouvantés.

— Tac, tac, tac... — Je m'armai d'une de mes bougies; je m'avançai résolument du côté du balcon; j'ouvris le volet...

O terreur! jamais la nature n'a rien montré de plus ravissant aux yeux de l'amour; je crus que je mourrois de peur.

C'étoit Marguerite, appuyée aux glaces de la porte, plus belle mille fois que je ne l'avois vue, plus belle qu'on ne peut la rêver; Marguerite, émue, palpitante, un peu décoiffée, une mèche de cheveux pendante sur le sein, et le sein presque affranchi d'un fichu mal attaché.

Je me signai; je me recommandai à Dieu, et j'ouvris.

C'étoit bien elle; c'étoit sa main douce, veloutée, délicate; c'étoit sa main tremblante que je touchai sans me brûler.

Je la conduisis, toute interdite, jusqu'à mon fauteuil, et j'attendis un signe de ses yeux pour m'asseoir à quelques pas de là sur un pliant.

Elle appuya son bras sur un des bras du fauteuil, sa tête sur sa main, et voila son front de ses jolis doigts.

J'attendois qu'elle parlât; elle ne parla point; elle soupira.

— Oserois-je vous demander, mademoiselle — c'est moi qui commençai, — à quel inconcevable hasard je suis redevable d'une démarche si faite pour m'étonner?...

— Eh quoi! monsieur, reprit-elle vivement, ma démarche vous étonneroit! n'étoit-ce pas une chose convenue?

— Convenue, mademoiselle, convenue,

cela est vrai, quoique la convention n'ait pas été stipulée selon toutes les formes requises en pareil cas, et qu'elle soit loin d'être aussi positive et aussi valable en bonne justice que vous paroissez le croire. — Il survient des idées si étranges dans un esprit malade qu'un amour imprudent a égaré... Enfin, pour vous dire vrai, je ne comptois pas du tout sur le bonheur... qui m'accable... —

Je ne savois plus ce que je disois.

— Je vous comprends, monsieur, le dénouement vous rebute de l'entreprise. Accoutumé à des plaisirs brillants, mais faciles, vous n'aviez jamais mesuré la portée des sacrifices du véritable amour...

— Arrêtez, Marguerite, et n'outragez pas mon cœur.

La portée des sacrifices du véritable amour, je la connois... je m'en flatte !

(Je trouvois pourtant celui-là un peu fort.)

— Mais encore, pourquoi n'est-il pas venu ? pourquoi ne vous a-t-il pas accompagnée ! Il falloit au moins entre nous cet échange de paroles qui est la première condition du contrat synallagmatique.

Je ne sais pas si vous le savez.

— Après m'avoir enlevée il m'a quittée au bas de l'escalier, et il ne viendra me prendre qu'au point du jour.

— Vous prendre? ma chère enfant; mais je vous prie de croire que je n'ai traité que pour moi... si j'ai traité.

Je le lui dirois bien s'il étoit là.

— Il n'a pas osé monter auprès de vous, parce qu'il prévoyoit vos scrupules.

— Il n'a pas osé monter, dites-vous? Pas possible! je ne le croyois pas si timide.

— Je suppose qu'il a pu s'effrayer de l'irritabilité de vos sentiments, et de la délicatesse de vos principes...

— Je lui en suis bien obligé; cela fait toujours plaisir; mais il faudra enfin que je le voie...

— Au lever du soleil, dans trois ou quatre heures d'ici.

— Trois ou quatre heures, dis-je avec expansion, en me rapprochant d'elle...

Trois ou quatre heures, Marguerite!

— Et pendant ce temps-là, Maxime, reprit-elle avec douceur, en se rapprochant de moi, je n'ai d'abri et de protecteur que vous, puisqu'il faut que les portes soient ouvertes pour laisser passer sa chaise de poste.

— Ah! il faut que les portes soient ouvertes pour laisser passer sa chaise de poste, répliquai-je, en me frottant les yeux comme un homme qui se réveille.

— Il vous auroit épargné l'inquiétude et la responsabilité du service que vous nous rendez à tous deux, si sa respectable mère n'étoit morte l'année dernière d'une fluxion de poitrine.

— Attendez, mademoiselle, m'écriai-je en repoussant mon pliant d'un coup de pied jusqu'à l'autre extrémité de mon cabinet, sa mère est morte d'une fluxion de poitrine! mais de qui me parlez-vous donc?

— Je vous parle d'Amandus, bon Maxime, d'Amandus, qui vous est si attaché et que vous aimez tant. — Puisque vous ignorez ces détails, vous apprendrez qu'il est venu me chercher ce soir à l'heure indiquée entre nous pour m'enlever de la maison de ma tante, parce qu'elle s'obstinoit à lui refuser ma main. C'étoit le seul moyen, vous en conviendrez,

d'obtenir d'elle une résolution plus favorable; mais comme il y avoit soirée, la cour étoit pleine d'allants, de venants et de domestiques qui auroient épié notre fuite, et nous nous sommes sauvés par les jardins. A peine a-t-il vu votre croisée éclairée qu'il m'a dit avec joie :
— Vois-tu, Marguerite, le sage et studieux Maxime travaille encore; Maxime qui est mon frère, mon confident, ma providence; Maxime qui n'ignore aucun de mes secrets, et qui sera trop heureux, je connois son cœur, de te donner un asile jusqu'au jour. Monte et frappe avec assurance, Marguerite, pendant que je vais tout disposer pour notre départ. Là-dessus, il m'a quittée; j'ai monté, j'ai frappé plusieurs fois sans reproche... et vous savez tout.

— Je n'en sais que trop; mais à tout prendre j'aime encore mieux cela qu'autre chose. Le principal, Marguerite, c'est que vous puissiez être heureuse. — Vous avez donc une passion bien décidée pour Amandus?—

C'est pour lui, n'est-il pas vrai?

— Pour qui donc ? Je ne lui ai parlé que

trois fois; mais il écrit avec une chaleur si pénétrante, avec une tendresse si persuasive ! il exprimoit avec une énergie si passionnée les sentiments qu'il éprouvoit pour moi, Amandus, mon cher Amandus !

— Attendez, attendez ! C'est de ses lettres que vous parlez ?

Et au même instant je m'arrêtai tout court, parce que j'allois dire, selon toute apparence, une sottise énorme.

Je méditai ma pensée; je me réfugiai comme un personnage de mélodrame dans un *à parte* mystérieux.

« Non, non, mon ami, dis-je au démon;
» vous n'êtes pas entré par le côté foible de
» l'amour; vous n'entrerez pas, je vous le si-
» gnifie, par celui de la vanité. »

— Vous trouvez donc qu'Amandus écrit bien, murmurai-je avec une insouciance affectée en clouant ma langue entre mes dents ?

C'est qu'en vérité, pensai-je tout bas, elle est aussi spirituelle que jolie !

— Vous étiez distrait par une autre idée, Maxime, et ce n'étoit pas cela que vous vouliez me répondre.

— Votre observation est juste, mademoiselle.—Je faisois ce que vous auriez dû faire, souffrez que je vous le dise, avant de prendre une résolution aussi hasardée, aussi téméraire que la vôtre!

— Et quoi donc?

— Je réfléchissois. — Amandus perdoit la tête, et il y a bien de quoi, quand il s'est avisé de vous faire passer une nuit, belle et sage Marguerite, dans la chambre d'un écervelé de mon espèce, d'un homme sans principes, qui n'a ni foi ni loi, et qui a failli se donner au diable il y a une demi-heure, — d'un mauvais sujet enfin.

— Vous parlez trop rigoureusement, par ironie peut-être, de deux ou trois étourderies de jeune homme qui ne compromettent pas le caractère, et qui ne vous ont rien fait perdre dans l'estime des honnêtes gens. Amandus, qui a quelques fautes du même genre à se reprocher, s'en justifie dans ses lettres avec une éloquence dont ma tante elle-même a été touchée, quoiqu'elle soit extraordinairement rigoriste.

Un mauvais sujet, Maxime! oh! vous n'en avez pas l'air! —

— Je vous remercie, mademoiselle, de la bonne opinion que vous daignez avoir de moi. — Mais cette entrevue longue, mystérieuse, embarrassante à l'excès, tranchons le mot, pour la vertu que vous voulez bien me supposer, est au moins de nature à rendre votre innocence suspecte devant ce misérable vulgaire qui porte un jugement moins favorable de ma pureté juvénile; et je frémis pour vous d'y penser. Permettez, au nom de votre réputation, et par compassion pour la mienne, que je vous cherche une autre retraite jusqu'au matin. Je reviens à vous dans un moment, et je vous laisse maîtresse souveraine de toutes vos actions, si ce n'est de sortir seule et d'ouvrir à quelqu'un.

J'attendois son consentement; je l'obtins et je fis mieux.

Je m'en assurai, *ne varietur*, en fermant la porte à double tour.

Ma résolution étoit prise, car j'avois les idées vives et soudaines du jeune âge.

C'étoit soirée chez la tante de Marguerite,

je venois de l'apprendre, et les soirées de province sont d'une longueur démesurée sous tous les rapports.

Quand j'approchai, les derniers équipages s'éloignoient; je me glissai, leste et subtil comme un oiseau, entre deux laquais qui alloient fermer.

— Où va monsieur?
— Chez madame.
— Tout le monde est parti.
— J'arrive
— Madame se couche.
— C'est égal.

A cette réponse décisive il n'y avoit point d'objection, et dix secondes après j'étois dans la chambre à coucher de madame, où je n'avois jamais mis le pied, ni si tard ni si matin, quoique j'y eusse pensé quelquefois.

Le bruit que je fis la força à se détourner, comme elle alloit détacher, Dieu me pardonne! l'avant-dernière de ses agrafes.

— Quelle horreur!... s'écria-t-elle. Vous, monsieur! — chez moi! — à cette heure! — dans ma chambre à coucher!!! sans être annoncé, sans égard pour les plus communes bienséances !.....

— Comme vous dites, madame; je n'en connois point quand j'obéis à l'impulsion de mon cœur.

— Eh! monsieur, allez-vous en revenir à vos anciennes frénésies? Gardez, je vous en supplie, tout cet étalage de sentiments qui s'expriment avec tant de véhémence et qui s'oublient si vite, pour un moment plus convenable.

— Il seroit difficile, madame, de le mieux choisir, si j'avois à vous entretenir du sujet auquel vous attribuez ma visite; mais je suis appelé chez vous par des motifs plus sérieux et qui ne souffrent aucun retard.

Au nom du ciel, continuai-je, en saisissant vivement sa main, Clarice, écoutez-moi!

— Des motifs sérieux, dites-vous! quelque résolution désespérée dont vous n'êtes que trop capable!.... Vous m'épouvantez, monsieur, vous me faites une peur affreuse!

Je connois vos emportemens, j'ai des violences à redouter, monsieur, je vais sonner.

— Gardez-vous en bien, madame, repris-je en m'emparant de celle de ses mains qui étoit encore libre, et en la contraignant assez brusquement à s'asseoir sur son canapé.

Ceci doit se passer entre nous, madame, dans le mystère le plus profond, loin de toutes les oreilles et de tous les yeux; et c'est à vos genoux que je vous conjure de m'écouter un seul instant!

Nous n'avons point de temps à perdre !

— Malheur à moi, sanglota-t-elle d'une voix étouffée; il faut que j'aie renvoyé mes femmes!

— Elles seroient de trop, encore une fois, et si elles étoient ici j'exigerois qu'elles sortissent; le moindre éclat vous perdroit.

— Mais c'est un guet-apens, c'est un assassinat, c'est un crime inimaginable.—Monstre, qu'exigez-vous donc?

— Presque rien; et si vous m'aviez écouté, vous sauriez déjà ce que c'est. — Faites-moi seulement la grâce de me dire où est Marguerite ?

— Marguerite? ma nièce? quelle étrange question! — Qu'a Marguerite à démêler avec la scène outrageante que vous me faites?—

Marguerite se retire de bonne heure, surtout quand j'ai du monde. — C'est une des pratiques scrupuleuses de l'éducation tendre, mais régulière, que je lui ai donnée. — Marguerite est dans sa chambre, Marguerite est dans son lit ; Marguerite dort ; j'en suis sûre comme de ma propre existence !

— Dieu, qui est le maître de tout, pourroit l'avoir permis, comme tant de choses inexplicables qu'il est impossible de nier, mais cela seroit bien curieux !

Au reste, voilà sa porte, si j'ai bonne mémoire : il vous est facile de vous convaincre qu'elle n'est pas sortie de chez elle, si elle n'en est réellement pas sortie, et de nous tirer tous les deux d'un doute affligeant qui intéresse de plus près la responsabilité d'une tante que celle d'un voisin...

— Éveiller cette enfant, Maxime, et l'éveiller quand il y a un homme dans mon appartement !

— Oh ! que vous ne l'éveillerez pas, répondis-je en m'assurant que ma clef n'étoit pas absente de ma poche.

Elle est, parbleu, bien éveillée, je vous

en réponds, éveillée s'il en fut jamais; et si vous la trouvez endormie dans son lit, le diable en sait plus long aujourd'hui que du temps de D. Calmet.

Elle prit une bougie, entra, fit quelques pas, et revint juste à point pour s'évanouir sur le canapé.

Comme je m'attendois à l'événement, je m'étois muni sur sa toilette d'un flacon de sel.

Je détachai l'agrafe retardataire, je frappai légèrement sur dix doigts potelés qui se crispoient sous les miens, et j'en baisai l'extrémité plus légèrement encore avec toute la modestie dont je suis capable.

J'avois à cœur d'éviter l'attaque de nerfs, parce que l'attaque de nerfs tire en longueur.

— Nous n'avons pas le temps de nous livrer à des émotions inutiles, trop belle et trop adorable Clarice! — où diable va-t-on prendre ces choses-là? — les circonstances nous demandent une prompte résolution.

— Hélas! je le sais bien! mais à qui s'adresser, si ce n'est à vous qui avez pénétré dans cet horrible mystère, à vous, Maxime, le complice de cet attentat!... le coupable, peut-être !

— Ma foi non, dis-je en soupirant.

— Vous savez où elle est, Maxime ! vous le savez, mon ami ! vous ne pouvez le nier !.... rendez-la moi !

— Ceci, madame, est interdit à ma loyauté : j'ai son secret, mais il ne sortira pas de mon cœur, et vous me mépriseriez si j'en abusois. Ce que j'atteste, c'est qu'elle est sous la garde d'un homme d'honneur, qui ne la remettra que dans vos mains, quand vous aurez consenti à la laisser passer dans celles d'un époux, comme vous le devez, Clarice ! Hier, c'étoit question, aujourd'hui c'est nécessité : voilà ce que j'avois à vous dire.

— Un époux ! Amandus, sans doute ! un fou, un débauché, un dissipateur ! beau mariage, en vérité !

— On ne se marie pas comme on veut, madame, quand on a été enlevée ; et l'homme qui passe à la légère sur ce scrupule, en considération d'une dot opulente, est mille fois pire qu'un fou : c'est un misérable.

Amandus n'est pas un personnage fort exemplaire, j'en conviens, mais un noble amour doit le corriger.—Mon cœur n'a jamais mieux compris qu'aujourd'hui la facilité de cette métamorphose.—Je ne crois pas ses dettes considérables; c'est un homme d'ordre : depuis qu'il n'a plus rien, il est fort réglé sur sa dépense. Je sais de bonne part, car c'est lui qui me l'a dit, que la fortune de son oncle lui sera assurée au contrat de mariage. Le domaine n'est pas très-productif, mais c'est un beau pays de chasse. — Quant à la dot de la mineure, continuai-je, il est aisé de l'assurer contre les dilapidations d'un mari extravagant, par cinquante précautions que je me ferai un devoir de vous indiquer, aussitôt que j'aurai achevé mes immenses travaux sur Cujas, et cela ne sera pas long; j'y passe les jours et les nuits; il y a quelques minutes que j'y travaillois encore.

L'alliance est, sous tout autre rapport, aussi convenable qu'on puisse le désirer, et les défauts mêmes d'Amandus n'obscurcissent pas en lui des qualités brillantes et honorables : il est franc, loyal, obligeant, brave! —

— Et il écrit à merveille; il tourne une

lettre dans la perfection, c'est une justice qu'il faut lui rendre.

— Comment, madame, vous daignez penser... c'est un effet de votre indulgence!

— Ne seriez-vous pas de cette opinion? j'ai peur, Maxime, que vous n'en parliez par envie.

— Au contraire, madame, je m'en rapporte aveuglément à votre goût, répliquai-je en me reprenant : je souhaite seulement que vous ne lui trouviez pas, par la suite, le style un peu inégal. — Mais son style ne fait rien à l'affaire, si j'entends quelque chose aux bienséances matrimoniales : il s'agit ici d'autres précautions et d'autres convenances que les convenances et les précautions oratoires.

Vous jugerez en dix minutes de réflexion, et l'urgence de la position actuelle ne vous en laisse pas davantage, de la nature des moyens à prendre pour détourner de votre maison le scandale qui la menace.

D'abord ceci ne change rien à l'état de votre fortune.

Marguerite se formoit, comme vous voyez;

elle est très-avancée, mais extrêmement avancée pour son âge !

Il auroit bien fallu tôt ou tard vous décider à la marier, quand vous la verriez fille à se marier toute seule.

Oh! c'est une aimable enfant! c'est grand bonheur qu'elle soit devenue amoureuse d'un étourdi que sa vie passée soumet d'avance à toutes les concessions, au lieu de se jeter à la tête d'un homme d'argent ou d'un homme de loi. Le procès seroit entré chez vous par la même porte que le sacrement, si elle avoit eu le guignon de se passionner d'un avocat : vous auriez été obligée d'y mettre du vôtre. Je ne vous dis pas pour cela qu'on puisse se passionner d'un avocat : c'est une supposition. Avec Amandus, pas un embarras à subir ! il est si coulant en affaires, ce digne Amandus, qu'il y a des jours où il vous donneroit acquit de toute la succession pour un rouleau de louis rognés ; encore seroit-il homme à payer le notaire et à faire une grosse gratification au maître clerc : un caractère sublime !

D'un autre côté, la petite grandissoit à vue d'œil. Sa beauté d'enfant, qui est très-remarquable, auroit fini par afficher l'impertinente prétention de rivaliser avec la vôtre, et j'ai déjà entendu des sots se crier d'une loge à l'autre : « Cette jolie personne a dû se marier bien jeune!... » — Ils vous prenoient pour la mère !

— Fi donc! Maxime, je n'étois pas encore en pension quand elle vint au monde!

— A qui le dites-vous ! — Enfin l'événement prononce, et je lui sais gré de mettre un terme à vos irrésolutions.

— Vous en parlez à votre aise! l'événement, l'événement! il ne sera pas connu si elle revient, et je compte assez sur votre discrétion....

— Ma discrétion, madame, est à toute épreuve ; — mais Marguerite ne reviendra pas, et l'événement sera ébruité demain.

Et si Marguerite revenoit, et que l'événement ne fût pas ébruité demain par hasard, il le seroit probablement d'ici à....

Permettez, continuai-je en feignant de supputer sur mes doigts, car ce n'étoit ici qu'un effort d'imaginative, l'argument captieux de la péroraison, recommandé par les rhéteurs...

Je me penchai ensuite à son oreille, et j'y chuchotai deux ou trois mots.

— Quelle horrible idée! s'écria-t-elle en se laissant presque défaillir sur son coussin.

— C'est comme j'ai pris la liberté de vous le dire : le monde marche d'un pas effrayant!

— Monsieur, reprit-elle en se levant avec dignité, vous connoissez la retraite de Marguerite : allez la chercher, et promettez-lui sur ma foi qu'elle sera dans quinze jours la femme d'Amandus, puisqu'elle l'a voulu. — Eh bien! vous n'êtes pas parti?

— Sur votre foi, madame?... Que ne peut-on y compter pour son bonheur comme pour celui des autres!

— Allez, allez, Maxime, baisez ma main, — et ramenez ma nièce. — Eh bien! ne sortez-vous pas sans rattacher mon agrafe? je paroîtrois à ses yeux dans un bel état! —

Je reconduisis Marguerite après l'avoir convaincue par un nouveau plaidoyer de la sincérité des promesses que je venois de recevoir pour elle.

La tante fut austère mais raisonnable, la petite, respectueuse mais résolue.

Les choses se passèrent dans la perfection de part et d'autre; Marguerite m'embrassa, je l'en aurois volontiers dispensée.

— Vous avez accommodé bien des difficultés en peu de temps, me dit la tante en me reconduisant; vous êtes un homme admirable pour terminer les débats de famille; j'espère que nous vous verrons à la noce?

— Oui, madame, et nous y reprendrons la conversation de cette nuit au moment où elle a commencé.

— Si vous le voulez… mais vous ne perdrez rien à la reprendre où elle a fini.

Cela étoit fort joli, mais il y a des mots délicieux qui perdent beaucoup de leur agrément à n'être pas mimés.

« Il faut convenir, dis-je en regagnant mon
» pavillon, que j'ai en effet accompli dans
» quelques heures des entreprises d'intelli-
» gence et des œuvres d'héroïsme qui n'ont pas
» beaucoup à céder aux travaux d'Hercule :—

» D'abord j'ai appris le Grimoire sans y man-
» quer un mot ni une lettre, un esprit ni un
» séphiroth ; secondement, j'ai marié avec son
» amant, contre toute espérance, une jeune
» fille dont j'étois passionnément amoureux,
» et qui ne paroissoit pas trop mal disposée
» de son côté à me vouloir du bien, puis-
» qu'elle me faisoit la grâce de venir passer la
» nuit sans façon dans ma chambre à coucher ;
» troisièmement, j'ai fait la cour à une femme
» de quarante-cinq ans, si plus ne passe ; —
» quatrièmement, je me suis donné au diable,
» ce qui est à peu près le seul moyen d'expli-
» quer comment je suis venu à bout de tant
» de merveilles. » — Cette dernière idée me
chiffonnoit tellement l'esprit au moment où
j'achevois de tourner ma clef dans la serrure,
que je n'eus pas la force de faire deux pas sur
le tapis : je trouvai à propos à l'intérieur de
la porte le pliant que j'y avois brutalement
lancé en recevant la confidence inopinée de
Marguerite, et je m'y assis les jambes croisées,
les mains croisées, la tête pendante sous le
poids d'une méditation chagrine, en soupirant

de temps à autre comme une âme en peine qui attend son jugement.

Mes paupières fatiguées de veilles et de soucis ne se soulevèrent que lentement. Deux de mes trois bougies étoient éteintes; la dernière se mouroit en jetant çà et là des lueurs blafardes et vacillantes qui prêtoient à tous les objets des mouvements étranges et des couleurs ou des ombres inaccoutumées. Tout à coup je sentis mes cheveux se hérisser sur ma tête, et mon sang se figer d'horreur! Mon fauteuil étoit occupé comme celui de Banquo dans la tragédie de *Macbeth*; il n'y avoit pas à en douter.

Ma première pensée fut de courir directement à l'apparition; mais mes membres enchaînés par la peur refusèrent leur office à ma volonté impuissante.

Je fus réduit à mesurer d'un regard effaré le spectre grêle, décharné, livide, qui étoit venu prendre la place de Marguerite, comme pour me punir du péché par une hideuse parodie des illusions qui l'avoit produit.

— Ce devoit être effectivement un fantôme de femme, à en juger par les longues barbes de sa noire coiffure, sous laquelle se dessinoit confusément je ne sais quoi de vague et d'épouvantable qui tenoit à peu près la place d'un visage. —

De l'endroit où l'on auroit dû chercher les épaules dans la conformation d'une créature régulière, descendoient sur les deux bras du fauteuil deux espèces de bras minces et inarticulés qui se cramponnoient de part et d'autre à leur extrémité par une paire de griffes pâles dont l'éclat du maroquin relevoit la blancheur ; l'accoutrement de cette larve funèbre consistoit d'ailleurs dans le simple appareil

D'une beauté qu'on vient d'arracher au sommeil.

— Protection du Seigneur ! m'écriai-je en élevant les mains au ciel, m'abandonnerez-vous dans cette terrible extrémité ! Ne daignerez-vous pas descendre par pitié sur l'infortuné Maxime qui a, sans le savoir et sans le vouloir, ô mon Dieu ! appelé le diable en personne dans la maison de son père !

— Voilà précisément ce que j'imaginois, répondit le fantôme d'une voix aigre, en se dressant de toute sa hauteur, et en retombant comme foudroyé sur le dossier!

Que le ciel ait pitié de nous!

— Eh quoi! Dine, est-ce vous qui avez parlé?

Par quel miracle êtes-vous ici, à l'heure qu'il est?

Dine, que j'ai nommée ailleurs sans la faire connoître, avoit été, un demi-siècle auparavant, la nourrice de ma mère, et, du vivant de ma mère, elle ne l'avoit jamais quittée.

Depuis sa mort, elle étoit restée dans la famille, à titre de femme de charge et de gouvernante absolue.

J'aimois Dine tendrement.

— Je ne suis pas entrée ici par miracle, reprit Dine en grommelant; j'y suis entrée avec la double clef qui me sert à veiller à tous les soins de la maison, et à faire faire l'appartement de monsieur, dans son absence.

— Voilà qui est bien, ma bonne amie; mais on ne s'occupe guère de faire les appartements à deux heures du matin, et vous me permettrez de dire, ajoutai-je en souriant, car cette péripétie m'avoit rendu un peu de confiance, qu'avec votre physionomie encore fraîche et votre air encore égrillard, l'instant est singulièrement pris pour s'introduire chez un jeune homme qui a fait ses preuves de témérité.

— Il le falloit bien, mauvais plaisant, puisque vous ne m'avez pas laissée dormir de la nuit! et quelle veille, sainte Vierge! un bruit d'imprécations à faire frémir! plus de mots et de noms diaboliques qu'il n'y a de saints dans les litanies! des lumières errantes qui se promènent, des esprits noirs et blancs qui tombent des nues dans le jardin, les esprits noirs qui s'en vont des deux côtés, les esprits blancs qui ouvrent vos croisées, comme pour prendre l'air, en fredonnant des romances de comédie, et le plus terrible de tous, qui vous emporte enfin sous mes yeux dans quelque purgatoire dont mes prières vous ont probablement tiré!

Maxime! qu'avez-vous fait?

— Tout cela s'explique à merveille, ma pauvre Dine, et D. Calmet lui-même n'auroit cependant pas représenté ces hallucinations infernales avec plus d'énergie et de naïveté.

Mais puisque vous voilà réveillée, il faut que vous entendiez ma réponse, car vous êtes une femme pleine d'esprit, de jugement et d'expérience, et il n'y a que vous qui puissiez m'affranchir de mes scrupules.

Ecoutez-moi donc avec attention, si vous ne dormez pas.

Je lui racontai là-dessus tout ce que je viens de raconter—et je suppose que vous ne seriez pas curieux de l'entendre raconter deux fois.—

Je le lui racontai, dis-je, avec une componction si pénétrante et une inquiétude si sincère sur les résultats de ma faute, que le diable lui-même en auroit été touché s'il m'avoit entendu.

Quand j'eus fini, j'attendis en tremblant la réponse de Dine, comme mon arrêt suprême.

Elle tarda si long-temps que je craignis que Dine ne se fût endormie pendant que je racontois.

Cela pouvoit arriver.

Enfin elle détacha solennellement ses lunettes, qu'elle avoit mises préalablement pour suivre le jeu de ma physionomie, à la clarté des bougies, renouvelées par ses soins depuis mon retour.

Elle en frotta un à un les verres à sa manche, les fit rentrer dans leur étui, et les remit dans sa poche—les dignes femmes de ménage qui se piquent de précaution et d'exactitude ne se séparent jamais de leurs poches. —

Ensuite elle se leva, et marcha en ligne droite au pliant où j'étois encore assis.

— Va te coucher, badin, me dit-elle en frappant doucement mes deux joues d'un petit coup de revers de sa main.

Va te coucher, Maxime, et dors tranquillement, mon enfant.

Non vraiment, tu n'es pas encore damné cette fois; mais ce n'est pas la faute du diable!

LE
SONGE D'OR.

FABLE LEVANTINE.

LE
SONGE D'OR.

CHAPITRE I.

LE KARDOUON.

Le kardouon est, comme tout le monde le sait, le plus joli, le plus subtil et le plus accort des lézards. Le kardouon est vêtu d'or comme un grand seigneur ; mais il est timide et modeste, et il vit seul et retiré; c'est ce qui l'a fait passer pour savant. Le kardouon n'a jamais fait de mal à personne, et il n'y a personne qui n'aime le kardouon. Les jeunes filles sont toutes fières quand il les regarde au passage avec des yeux d'amour et de joie, en redressant son cou bleu chatoyant de rubis entre les fentes d'une vieille muraille, ou en faisant étinceler sous les feux du soleil les reflets innombrables du tissu merveilleux dont il est habillé.

Elles se disent entre elles : « Ce n'est pas toi, c'est moi que le kardouon a regardée aujourd'hui, c'est moi qu'il trouve la plus belle, et qui serai son amoureuse. »

Le kardouon n'y pense pas. Le kardouon cherche çà et là de bonnes racines pour fétoyer ses camarades et s'en goberger avec eux sur une pierre resplendissante, à la pleine chaleur du midi.

Un jour le kardouon trouva dans le désert un trésor, tout composé de pièces à fleur de coin si jolies et si polies qu'on auroit cru qu'elles venoient de gémir et de sauter en bondissant sous le balancier. Un roi qui se sauvoit s'en étoit débarrassé là pour aller plus vite.

« Vertu de Dieu! dit le kardouon, voici,
» ou je me trompe fort, quelque précieuse
» denrée qui me vient à point pour mon hi-
» ver! Ce doivent être au pire des tranches de
» cette carotte fraîche et sucrée qui réveille
» toujours mes esprits quand la solitude m'en-
» nuie; seulement je n'en vis jamais d'aussi
» appétissantes. »

Et le kardouon se glissa vers le trésor, non directement, parce que ce n'est pas sa manière, mais en traçant de prudents détours; tantôt la tête levée, le museau à l'air, le corps tout d'une venue, la queue droite et verticale comme un pieu; tantôt arrêté, indécis, penchant tour à tour chacun de ses yeux vers le sol pour y appliquer sa fine oreille de kardouon, et chacune de ses oreilles pour en relever son regard; examinant la droite, la gauche, écoutant partout, voyant tout, se rassurant de plus en plus, filant un trait comme un brave kardouon, se retirant sur lui-même en palpitant de terreur, comme un pauvre kardouon qui se sent poursuivi loin de son trou;

et puis, tout heureux et tout fier, relevant son dos en cintre, arrondissant ses épaules à tous les jeux de la lumière, roulant les plis de son riche caparaçon, hérissant les écailles dorées de sa cotte de mailles, verdoyant, ondoyant, fuyant, lançant aux vents la poussière sous ses doigts, et la fouettant de sa queue. C'étoit sans contredit le plus beau des kardouons.

Quand il fut arrivé au trésor, il y plongea deux perçants regards, se roidit comme un bâton, se redressa sur ses deux pieds de devant, et tomba sur la première pièce d'or qui s'offrit à ses dents.

Il s'en cassa une.

Le kardouon silla de dix pieds en arrière, retourna plus réfléchi, mordit plus modestement.

« Elles sont diablement sèches, dit-il. Oh!
» que les kardouons qui amassent ainsi des
» tranches de carottes pour leur postérité
» sont coupables de ne pas les tenir dans un
» endroit humide où elles conservent leur
» qualité nourrissante ! Il faut convenir,
» ajouta-t-il intérieurement, que l'espèce du

» kardouon n'est guère avancée! Quant à moi,
» qui dînai l'autre jour, et qui ne suis pas,
» grâce au ciel, pressé d'un méchant repas
» comme un kardouon du commun, je vais
» transporter cette provende sous le grand
» arbre du désert, parmi des herbes humec-
» tées de la rosée du ciel et de la fraîcheur des
» sources; je m'endormirai à côté sur un sa-
» ble doux et fin que la première aube vient
» échauffer, et quand une maladroite d'abeille
» qui se lève, tout étourdie, de la fleur où
» elle a dormi, m'éveillera de ses bourdonne-
» ments, en tourbillonnant comme une folle,
» je commencerai le plus beau déjeuner de
» prince qu'ait jamais fait un kardouon. »

Le kardouon dont je parle étoit un kardouon d'exécution. Ce qu'il avoit dit, il le fit; c'est beaucoup. Dès le soir, tout le trésor transporté pièce à pièce rafraîchissoit inutilement sur un beau tapis de mousses aux longues soies qui fléchissoient sous son poids. Au-dessus, un arbre immense étendoit ses branches luxuriantes de verdure et de fleurs, comme pour inviter les passants à goûter un agréable sommeil sous son ombrage.

Et le kardouon fatigué s'endormit paisiblement en rêvant racines fraîches.

Ceci est l'histoire du kardouon.

CHAPITRE II.

XAÏLOUN.

Le lendemain survint dans le même endroit le pauvre bûcheron Xaïloun, qui fut grandement attiré par le mélodieux glouglou des eaux courantes, et par le frais et riant froufrou de la feuillée. Ce lieu de repos flatta tout d'abord la paresse naturelle de Xaïloun, qui étoit encore loin de la forêt, et qui, selon son usage, ne se soucioit pas autrement d'y arriver.

Comme il y a peu de personnes qui aient connu Xaïloun de son vivant, je vous dirai que c'étoit un de ces enfants disgraciés de la nature qu'elle semble n'avoir produits que pour vivre. Il étoit assez mal fait de sa personne, et fort empêché de son esprit; au demeurant, simple et bonne créature, incapable de faire le mal, incapable d'y penser, et même incapable de le comprendre; de sorte que sa famille n'avoit vu en lui depuis l'enfance qu'un sujet de tristesse et d'embarras. Les rebuts humiliants auxquels Xaïloun étoit sans cesse exposé lui avoient inspiré de bonne heure le goût d'une vie solitaire, et c'étoit pour cela qu'on lui avoit donné la profession de bûcheron, à défaut de toutes celles que lui interdisoit l'infirmité de son intelligence; car on ne l'appelait à la ville que l'imbécile Xaïloun.—Les enfants le suivoient en effet dans les rues avec des rires malins, en criant :

« Place, place à l'honnête Xaïloun, à Xaïloun, le plus aimable bûcheron qui ait jamais manié la coignée, car voilà qu'il va causer de science avec son cousin le kardouon dans les clairières du bois. Oh! le digne Xaïloun! »

Et ses frères se retiroient de son passage en rougissant d'une orgueilleuse pudeur.

Mais Xaïloun ne faisoit pas semblant de les voir, et il rioit aux enfants.

Xaïloun s'étoit accoutumé à penser que la pauvreté de ses vêtements entroit pour beaucoup dans les motifs de ce dédain et de ces dérisions journalières, car aucun homme n'est porté à juger désavantageusement de son esprit. Il en avoit conclu que le kardouon, qui est beau entre tous les habitants de la terre quand il se pavane au soleil, étoit la plus favorisée des créatures de Dieu; et il se promettoit en secret, s'il pénétroit un jour dans les intimes amitiés du kardouon, de se parer de quelque mise-bas de sa garde-robe de fête, pour entrer en se prélassant dans le pays, et fasciner les yeux des bonnes gens de toutes ces magnificences.

« D'ailleurs, ajoutoit-il, quand il avoit ré-

» fléchi autant que le permettoit son jugement
» de Xaïloun, le kardouon est, dit-on, mon
» cousin, et je m'en aperçois à la sympathie
» qui m'entraîne vers cet honorable person-
» nage. Puisque mes frères m'ont rebuté par
» mépris, je n'ai point d'aussi proche parent
» que le kardouon, et je veux vivre avec lui,
» s'il me reçoit bien, quand je ne serois bon
» qu'à lui faire tous les soirs une large litière
» de feuilles sèches pour son sommeil, qu'à
» border proprement son lit quand il s'en-
» dort, et qu'à chauffer sa chambre d'un feu
» clair et réjouissant, lorsque la saison devient
» mauvaise. Le kardouon peut vieillir avant
» moi, poursuivoit Xaïloun ; car il étoit déjà
» preste et beau que j'étois encore tout petit,
» et que ma mère me le montroit en disant :
» Tiens, voilà le kardouon ! — Je sais, s'il
» plaît à Dieu, les soins qu'on peut rendre à
» un malade et les petites douceurs dont on
» l'amuse. C'est dommage qu'il soit un peu
» fier ! »

A la vérité le kardouon répondoit mal aux avances ordinaires de Xaïloun. A son approche il disparoissoit comme un éclair dans le sable, et ne s'arrêtoit que derrière une butte ou une pierre pour tourner sur lui de côté deux yeux étincelants qui auroient fait envie aux escarboucles.

Xaïloun le regardoit alors d'un air respectueux, en lui disant à mains jointes :

« Hélas! mon cousin, pourquoi me fuyez-
» vous, moi qui suis votre ami et votre com-
» père? Je ne demande qu'à vous suivre et à
» vous servir, de préférence à mes frères,
» pour lesquels je voudrois mourir, mais qui
» me paroissent moins gracieux et moins ai-
» mables que vous. Ne rebutez pas comme
» eux votre fidèle Xaïloun, si vous avez be-
» soin, par hasard, d'un bon domestique. »

Mais le kardouon s'en alloit toujours, et Xaïloun rentroit en pleurant chez sa mère, parce que son cousin le kardouon n'avoit pas voulu lui parler.

Ce jour-là sa mère l'avoit chassé en le frappant de colère et en le poussant par les épaules :

« Va-t-en, misérable! lui avoit-elle dit, va
» rejoindre ton cousin le kardouon, indigne
» que tu es d'avoir d'autres parents! »

Xaïloun avoit obéi à l'ordinaire, et il cherchoit son cousin le kardouon.

« Oh! oh! dit-il en arrivant sous l'arbre
» aux larges ramées, en voilà vraiment bien
» d'un autre... Mon cousin le kardouon qui
» s'est endormi sous ces ombrages, au con-
» fluent de toutes les sources, quoique cela
» ne soit pas dans ses habitudes !— Une belle
» occasion, s'il en fut jamais, de causer d'af-
» faires avec lui à l'heure de son réveil. —
» Mais que diable garde-t-il là, et que pré-
» tend-il faire de toutes ces petites drôleries
» de plomb jaune, si ce n'est qu'il les ait pré-
» parées pour rajeunir ses habits ? C'est peut-
» être qu'il est de noces. Foi de Xaïloun, il
» y a des dupeurs aussi au bazar des kar-
» douons; car cette ferraille est fort grossière
» à la voir, et il n'y a pas une des pièces du
» vieux pourpoint de mon cousin qui ne vaille
» mille fois mieux. J'attendrai cependant qu'il
» m'en dise son avis, s'il est d'une humeur
» plus parlante que de coutume; car je dormi-
» rai commodément à cette place, et comme
» j'ai le sommeil léger, je me réveillerai aus-
» sitôt que lui. »

A l'instant où Xaïloun alloit se coucher, il fut soudainement frappé d'une idée.

« La nuit est fraîche, dit-il, et mon cousin » le kardouon n'est pas exercé comme moi à » coucher sur le bord des sources, et à l'abri » des forêts. L'air du matin n'est pas salu- » taire. »

Xaïloun ôta son habit et l'étendit doucement sur le kardouon, en prenant toutes les précautions nécessaires pour ne pas le réveiller. Le kardouon ne se réveilla point.

Quand il eut fait cela, Xaïloun s'endormit profondément en rêvant à l'amitié du kardouon.

Ceci est l'histoire de Xaïloun.

CHAPITRE III.

LE FAQUIR ABHOC.

Le lendemain survint dans le même endroit le faquir Abhoc qui feignoit d'aller en pélerinage, mais qui cherchoit dans le fait quelque bonne chape-chute de faquir.

Comme il s'approchoit de la source pour se reposer, il aperçut le trésor, l'enveloppa du regard, et en supputa promptement la valeur sur ses doigts.

« Grâce inespérée, s'écria-t-il, que le Dieu
» très-puissant et très-miséricordieux accorde
» enfin à ma piété après tant d'années d'é-
» preuves, et qu'il a daigné mettre, pour
» m'en rendre la conquête plus facile, sous
» la simple garde d'un innocent lézard de mu-
» railles et d'un pauvre garçon imbécile! »

Je dois vous dire que le faquir Abhoc connoissoit parfaitement de vue Xaïloun et le kardouon.

« Que le ciel soit loué en toutes choses,
» ajouta-t-il en s'asseyant quelques pas plus
» loin. Adieu la robe de faquir, les longs jeû-
» nes et les rudes mortifications de corps. Je
» vais changer de pays et de vie et acheter,
» au premier royaume où je me trouverai
» bien, quelque bonne province qui me rap-
» porte de gros revenus. Une fois établi dans
» mon palais, je ne m'occupe désormais que
» de me réjouir au milieu de mes jolies escla-
» ves, parmi les fleurs et les parfums, et que

» de bercer mollement mes esprits au son de
» leurs instruments de musique, en sablant
» des vins exquis dans la plus large de mes
» coupes d'or. Je me fais vieux, et le bon vin
» égaie le cœur des vieillards. — Il me paroît
» seulement que ce trésor sera lourd à porter,
» et il siéroit mal en tout cas à un grand sei-
» gneur terrien comme je suis, qui a une mul-
» titude de domestiques et une milice innom-
» brable, de s'abaisser à un office de porte-
» faix, même quand je ne devrois pas être vu.
» Pour que le prince du peuple attire à soi le
» respect de ses sujets, il faut qu'il se soit ac-
» coutumé à se respecter lui-même. On croi-
» roit d'ailleurs que ce manant n'a pas été en-
» voyé ici à d'autre fin que de me servir, et
» comme il est plus robuste qu'un bœuf, il
» transportera aisément tout mon or jus-
» qu'à la ville prochaine, où je lui ferai pré-
» sent de ma défroque et de quelque basse
» monnoie à l'usage des petites gens. »

Après cette belle allocution intérieure, le faquir Abhoc, bien certain que son trésor n'avoit rien à redouter du kardouon ni du misérable Xaïloun, qui étoit aussi loin que le kardouon d'en connoître la valeur, se laissa entraîner sans résistance aux douceurs du sommeil, et il s'endormit fièrement en rêvant de sa province, de son harem peuplé des plus rares beautés de l'Orient, et de son vin de Schiraz écumant dans des coupes d'or.

Ceci est l'histoire du faquir Abhoc.

CHAPITRE IV.

LE DOCTEUR ABHAC.

L<small>E</small> lendemain survint dans le même endroit le docteur Abhac, qui étoit un homme très-versé dans toutes les lois, et qui avoit perdu sa route en méditant sur un texte embrouillé, dont les juristes donnoient déjà cent trente-deux interprétations différentes. Il étoit sur le point de saisir la cent trente-troisième, quand l'aspect du trésor la lui fit oublier tout net, en transportant sa pensée sur le terrain scabreux de l'invention, de la propriété et du fisc. Elle s'anéantit si bien dans sa mémoire qu'il ne l'auroit pas retrouvée en cent ans. C'est une grande perte.

« Il appert, dit le docteur Abhac, que c'est
» le kardouon qui a découvert le trésor, et
» celui-ci n'excipera pas, j'en réponds, de son
» droit d'invention pour réclamer sa part lé-
» gale dans le partage. Ledit kardouon est
» donc évincé de fait. Quant au fisc et à la
» propriété, je tiens que le lieu est vague,
» commun, propre à chacun et à tous, de
» façon que l'état et le particulier n'y ont rien
» à voir, ce qui est d'une heureuse opportu-
» nité dans l'occurence actuelle, ce confluent
» d'eaux errantes, marquant, si je ne me
» trompe, une délimitation litigieuse entre
» deux peuples belliqueux, et des guerres lon-
» gues et sanglantes ayant à surgir du conflit
» possible de deux juridictions. Je ferois donc

» un acte innocent, légitime, et même pro-
» vide, en emportant le trésor de céans, si je
» pouvois m'en charger d'un voyage.—Quant
» à ces deux aventuriers, dont l'un me paroît
» être un malotru de boquillon, et l'autre un
» méchant faquir, gens sans nom, sans aveu
» et sans poids, il est probable qu'ils ne se
» sont couchés ici que pour procéder demain
» à un partage amiable, parce qu'ils ne savent
» ni texte, ni commentateurs, et qu'ils se sont
» estimés d'égale force. — Mais ils ne s'en ti-
» reront pas sans procès; ou j'y perdrai ma
» réputation. Seulement, comme le sommeil
» me gagne, à cause de la grande contention
» d'esprit que cette affaire m'a donnée, je
» vais prendre acte de possession en mettant
» quelques-unes de ces pièces dans mon tur-
» ban, pour qu'il conste ostensiblement et
» péremptoirement en la cour, si la cause y
» est évoquée, de l'antériorité de mon droit;
» celui qui possède la chose par appétence
» d'avoir, tradition d'avoir eu, et première
» occupation, étant présumé propriétaire,
» ainsi qu'il est écrit. »

Et le docteur Abhac munit son turban de

tant de pièces de conviction qu'il passa une grande partie du jour à le traîner, le pauvre homme, jusqu'à l'endroit où mouroit, aux rayons du soleil horizontal, l'ombre des rameaux protecteurs. Encore y retourna-t-il à plusieurs reprises, bourrant toujours son turban de nouveaux témoins, tant qu'enfin il se décida bravement à en combler la forme, sauf à dormir la tête nue au serein.

« Je ne suis pas embarrassé de me réveiller,
» dit-il en appuyant son occiput, fraîchement
» rasé, sur le turban bouffi, qui lui servait
» d'oreiller. Ces gens-ci se disputeront dès le
» point du jour, et ils seront trop heureux
» d'avoir un docteur ès-lois sous la main pour
» les accommoder, ce qui m'assure part et
» vacation. »

Après quoi le docteur Abhac s'endormit magistralement, en rêvant procédure et or.

Ceci est l'histoire du docteur Abhac.

CHAPITRE V.

LE ROI DES SABLES.

Le lendemain, au déclin du jour, survint dans le même endroit un fameux bandit dont l'histoire ne conserve pas le nom, mais qui étoit dans toute la contrée la terreur des caravanes, auxquelles il imposoit d'énormes tributs, et qu'on appeloit, par cette raison, le Roi des Sables, si les mémoires de cette époque reculée sont fidèles. Jamais il n'étoit entré si avant dans le désert, parce que cette route n'étoit guère fréquentée des voyageurs, et l'aspect de cette source et de ces ombrages réjouit son cœur, ordinairement peu sensible aux beautés de la nature, de manière qu'il avisa de s'y arrêter un moment.

« Je n'ai pas été mal inspiré, vraiment,
» murmura-t-il entre ses dents, en aperce-
» vant le trésor. Le kardouon veille ici, sui-
» vant l'usage immémorial des lézards et des
» dragons, à la garde de cet amas d'or, dont
» il n'a que faire; et ces trois insignes écorni-
» fleurs sont venus de compagnie pour se le
» partager. Si je me charge de tout ce butin
» pendant qu'ils dorment, je ne manquerai
» pas de réveiller le kardouon, qui réveillera
» ces misérables, car il a toujours l'œil au
» guet, et j'aurai affaire au lézard, au bû-
» cheron, au faquir et à l'homme de loi, qui
» sont gens âpres à la curée et capables de la
» défendre. La prudence m'enseigne qu'il vaut

» mieux feindre de dormir à côté d'eux, tant
» que les ténèbres ne sont pas tout-à-fait tom-
» bées, puisqu'il paroît qu'ils se sont proposé
» de passer ici la nuit, et je profiterai ensuite
» de l'obscurité pour les tuer un à un d'un
» bon coup de kangiar. Ce lieu est si infré-
» quenté que je ne crains pas d'être empêché
» demain au transport de ces richesses, et je
» me propose même de ne pas partir sans
» avoir déjeuné de ce kardouon, dont la chair
» est fort délicate, à ce que j'ai ouï dire à mon
» père. »

Et il s'endormit à son tour, en rêvant assassinats, pillage et kardouons cuits sur la braise.

Ceci est l'histoire du Roi des Sables, qui étoit un voleur, et qu'on nommoit ainsi pour le distinguer des autres.

CHAPITRE VI.

LE SAGE LOCKMAN.

Le lendemain, survint, dans le même endroit le sage Lockman, le philosophe et le poète; Lockman, l'amour des humains, le précepteur des peuples et le conseiller des rois; Lockman qui cherchoit souvent les solitudes les plus écartées pour y méditer sur la nature et sur Dieu.

Et Lockman marchoit d'un pas tardif, parce qu'il étoit affaibli par son grand âge, car il avoit atteint, le même jour, le trois centième anniversaire de sa naissance.

Lockman s'arrêta au spectacle qu'offroient alors les environs de l'arbre du désert, et il réfléchit un instant.

« Le tableau que votre divine bonté montre
» à mes regards, s'écria-t-il enfin, renferme,
» ô sublime Créateur de toutes choses ! d'inef-
» fables enseignements, et mon âme est acca-
» blée, en le contemplant, d'admiration pour
» les leçons qui résultent de vos œuvres, et
» de compassion pour les insensés qui ne vous
» connoissent point.

» Voilà un trésor, comme s'expriment les
» hommes, qui a peut-être coûté bien des fois
» à son maître le repos de l'esprit et de l'âme.

» Voilà le kardouon qui a trouvé ces pièces
» d'or, et qui, éclairé par le foible instinct
» dont vous avez pourvu son espèce, les a

» prises pour des tranches de racines dessé-
» chées par le soleil.

» Voilà le pauvre Xaïloun, dont l'éclat des
» vêtemens du kardouon avoit ébloui les yeux,
» parce que son intelligence ne pouvoit pas
» percer, pour remonter jusqu'à vous, les té-
» nèbres qui l'enveloppoient comme les langes
» d'un enfant au berceau, et adorer, dans ce
» magnifique appareil, la main toute-puissante
» qui en décore à son gré les plus viles de ses
» créatures.

» Voilà le faquir Abhoc, qui s'est fié à la
» timidité naturelle du kardouon et à l'imbé-
» cillité de Xaïloun, pour rester seul possesseur
» de tant de biens, et se rendre opulent sur
» ses vieux jours.

» Voilà le docteur Abhac, qui a compté sur
» le débat que devoit exciter, au réveil, le
» partage de ces trompeuses vanités de la for-
» tune pour se faire médiateur entre les pré-
» tendants, et s'attribuer double part.

» Voilà le Roi des Sables, qui est venu le
» dernier, en roulant des idées fatales et des
» projets de mort, à la manière accoutumée
» de ces hommes déplorables que votre grâce

» souveraine abandonne aux passions de la
» terre, et qui se promettoit peut-être d'é-
» gorger les premiers venus pendant la nuit,
» autant que j'en peux juger par la violence
» désespérée avec laquelle sa main s'est fer-
» mée sur son kangiar.

» Et tous cinq se sont endormis pour tou-
» jours sous l'ombre empoisonnée de l'upas,
» dont un souffle de votre colère a jeté ici les
» semences funestes du fond des forêts de
» Java! »

Quand il eut dit ce que je viens de dire, Lockman se prosterna, et il adora Dieu.

Et quand Lockman se fut relevé, il passa la main dans sa barbe et il continua :

« Le respect qui est dû aux morts, reprit-
» il, nous défend de laisser leurs dépouilles en
» proie aux bêtes du désert. Le vivant juge le
» vivant, mais le mort appartient à Dieu. »

Et il détacha de la ceinture de Xaïloun la serpe du bûcheron pour creuser trois fosses.

Dans la première fosse il mit le faquir Abhoc.

Dans la seconde fosse il mit le docteur Abhac.

Dans la troisième fosse il enterra le Roi des Sables.

« Quant à toi, Xaïloun, continua Lock-
» man, je t'emporterai hors de l'influence
» mortelle de l'arbre-poison, pour que tes
» amis, s'il t'en reste sur la terre depuis la
» mort du kardouon, puissent venir te pleu-
» rer sans danger à l'endroit où tu reposeras ;
» et je le ferai ainsi, mon frère, parce que tu
» as étendu ton manteau sur le kardouon en-
» dormi pour le préserver du froid. »

Ensuite Lockman emporta Xaïloun bien loin de là, et il lui creusa une fosse dans un petit ravin tout fleuri que les sources du désert baignoient souvent sans jamais l'inonder, sous des arbres dont les frondes flottantes au vent n'épanchoient autour d'elles que de la fraîcheur et des parfums.

Et quand cela fut fini, Lockman passa une seconde fois la main dans sa barbe ; et, après y avoir réfléchi, Lockman alla chercher le kardouon, qui étoit mort sous l'arbre-poison de Java.

Après quoi Lockman creusa une cinquième fosse pour le kardouon au-dessous de celle de

Xaïloun, sur un petit revers mieux exposé au soleil, dont les rayons naissants éveillent la gaieté des lézards.

« Dieu me préserve, dit Lockman, de sé-
» parer dans la mort ceux qui se sont aimés ! »

Et quand il eut parlé ainsi, Lockman passa une troisième fois sa main dans sa barbe ; et, après y avoir réfléchi, Lockman retourna jusqu'au pied de l'arbre upas.

Après quoi il y creusa une fosse très-profonde, et il y enterra le trésor.

« Cette précaution, dit-il en souriant dans
» son ame, peut sauver la vie d'un homme ou
» celle d'un kardouon. »

Après quoi Lockman reprit son chemin avec une grande fatigue pour venir se coucher près de la fosse de Xaïloun, et il se sentit défaillir avant d'y arriver à cause de son grand âge.

Et quand Lockman fut arrivé à la fosse de Xaïloun, il défaillit tout-à-fait, se laissa tomber sur la terre, éleva son âme vers Dieu, et mourut.

Ceci est l'histoire du sage Lockman.

CHAPITRE VII.

L'ESPRIT DE DIEU.

Le lendemain survint dans l'air un de ces esprits de Dieu que vous n'avez jamais vus que dans vos songes, qui planoit, remontoit, sembloit se perdre parfois dans l'azur éternel, redescendoit encore, et se balançoit à des hauteurs que la pensée ne peut mesurer sur de larges ailes bleues, comme un papillon géant.

A mesure qu'il se rapprochoit, on le voyoit déployer les anneaux d'une chevelure blonde comme l'or dans la fournaise, et il se laissoit aller au courant des airs qui le berçoient, en jetant ses bras d'ivoire et sa tête abandonnée à tous les petits nuages du ciel.

Puis il se posa, en bondissant du pied, sur les frêles rameaux, sans peser sur une feuille, sans faire fléchir une fleur; et puis il vola, en la caressant du battement de ses ailes, autour de la fosse récente de Xaïloun.

« Eh! quoi, s'écria-t-il, Xaïloun est donc
» mort, Xaïloun que le ciel attend, à cause
» de son innocence et de sa simplicité!»

Et de ses larges ailes bleues qui caressoient la fosse de Xaïloun, il laissa tomber au milieu de la terre qui le couvroit une petite plume qui soudainement y prit racine, y germa et s'y développa comme le plus beau panache qu'on ait jamais vu couronner le cercueil des rois; ce qu'il fit pour mieux le retrouver.

Alors il aperçut le poète qui s'étoit endormi dans la mort comme dans un rêve joyeux, et dont tous les traits rioient de paix et de félicité.

« Mon Lockman aussi, dit l'esprit, a voulu
» rajeunir pour se rapprocher de nous, quoi-
» qu'il n'ait passé qu'un petit nombre de sai-
» sons parmi les hommes, qui n'ont pas eu le
» temps, hélas! de profiter de ses leçons. Viens
» cependant, mon frère, viens avec moi, ré-
» veille-toi de la mort pour me suivre; allons
» au jour éternel, allons à Dieu!... »

Au même instant il appliqua un baiser de résurrection sur le front de Lockman, le souleva légèrement de son lit de mousse, et le précipita dans un ciel si profond que l'œil des aigles se fatigua de les chercher, avant de s'être tout-à-fait ouvert à leur départ.

Ceci est l'histoire de l'ange.

CHAPITRE VIII.

LA FIN DU SONGE D'OR.

Ce que je viens de raconter s'est passé il y a des siècles infinis, et depuis ce temps-là le nom du sage Lockman n'est jamais sorti de la mémoire des hommes.

Et depuis ce temps-là l'upas étend toujours ses rameaux dont l'ombre donne la mort entre des sources qui coulent toujours.

Ceci est l'histoire du monde.

FIN.

TABLE.

MADEMOISELLE DE MARSAN. 1
LE NOUVEAU FAUST ET LA NOUVELLE MAR-
GUERITE, OU COMMENT JE ME SUIS DONNÉ
AU DIABLE. 209
LE SONGE D'OR. 279

www.ingramcontent.com/pod-product-compliance
Lightning Source LLC
Chambersburg PA
CBHW071249160426
43196CB00009B/1222